NOTIONS

DE CHRONOLOGIE

HISTORIQUE ET MATHÉMATIQUE.

Le premier *manuscrit* de cet Ouvrage s'est égaré lors de son envoi à la *Censure*, et les recherches qu'on en a faites sont demeurées infructueuses ; réduit à la nécessité d'en rédiger et expédier un nouveau, l'Auteur a, chemin faisant, fait quelques minces additions et retranchements à son premier travail, et inscrit le vingt-neuf Septembre mil huit cent douze, en deux endroits de son second manuscrit, un désaveu formel du premier dans tout ce qu'il peut renfermer de contraire au second sous le rapport du fond et de l'expression de la pensée : ainsi, l'on doit regarder comme provenant d'une édition furtive tout exemplaire qui ne comprendroit pas mot à mot et selon le même ordre de matières, tout ce que comprend le présent, et qui ne seroit pas, comme lui, signé *de la main* de l'Auteur.

Delarue

NOTIONS
DE CHRONOLOGIE
HISTORIQUE ET MATHÉMATIQUE,
OU
ESSAI

SUR LES CYCLES OU PÉRIODES, LES ÉPOQUES, LES ÈRES ET LA COMPARAISON DES DATES.

Par. Ambroise-Dominique DELARUE,

Ancien Professeur au ci-devant Collége de Séez, et Professeur particulier de Mathématiques, à Falaise, Département du Calvados.

Encore que le temps soit un rien visible,
on s'en peut servir à faire toutes choses.
l'Esprit de *Sénèque*, page 88.

PRIX : 2 fr. pour Paris ; et 2 fr. 50 c. franc de port.

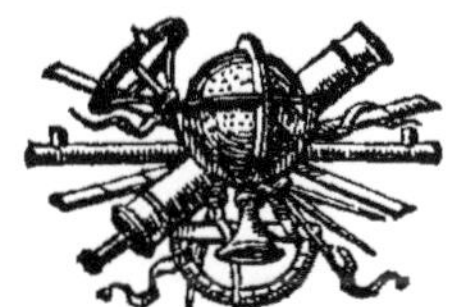

A FALAISE,

Chez BRÉE jeune, Imprimeur-Libraire, Grand'rue.

Et se trouve à Paris,

Chez
- Madame veuve COURCIER, Imprimeur-Lib. pour les Mathématiques, Sciences et Arts, quai des Augustins, n°. 57.
- ANT. BAILLEUL, Imprimeur-Libraire pour le Commerce, rue Helvétius, n°. 71.
- LAURENT-BEAUPRÉ, Libraire, Palais-Royal, galerie de Bois, n°. 218.
- PILLET, Imprimeur-Libraire, rue Christine, n°. 5.
- MONTAUDON, Libraire, rue Galande, n°. 37.

1813.

A

Monsieur DE RULHIÈRE,

Sous-Préfet

DU CINQUIÈME ARRONDISSEMENT DU CALVADOS.

Monsieur le Sous-Préfet,

Vous m'avez permis de publier ce petit Ouvrage sous vos auspices : déjà honoré de l'approbation du savant Censeur *à l'examen duquel* Monsieur le Général Baron DE POMMEREUL, Conseiller d'État, Directeur général de l'Imprimerie et de la Librairie, *l'a fait soumettre, il seroit assuré d'un suffrage universel, s'il pouvoit obtenir le vôtre..... Puisse-t-il l'obtenir ce suffrage précieux ! Puisse le respectable neveu* (*) *de l'homme célèbre qui nous a retracé avec*

(*) M. *de Rulhière* est le neveu de l'Auteur de l'excellente *Histoire de l'Anarchie de la Pologne*.

tant de force et d'éloquence les malheurs d'un grand Peuple tiré de l'opprobre par le génie du plus grand des Héros, trouver quelque délassement de ses importantes fonctions à la lecture de ce foible Ouvrage, et être intimement persuadé du regret que j'éprouve de ne pouvoir le rendre plus digne de lui être offert! Ce regret est aussi profond que le respect avec lequel je suis,

Monsieur le Sous-Préfet,

Votre très-humble et très-obéissant Serviteur
et Administré,

DELARUE.

DISCOURS PRÉLIMINAIRE.

On a dit, et l'on n'a cessé de répéter cette grande vérité : *La Géographie et la Chronologie sont les yeux de l'Histoire ;* cependant nous sommes inondés de Traités de Géographie, à l'usage de tous les âges, et à peine trouve-t-on, surtout chez les libraires des départemens, quelques Ouvrages sur *la Chronologie.* Est-ce que l'*étude de la nature et des propriétés du temps* (Chronologie physique), *ou celle des moyens imaginés pour en mesurer l'étendue où la la durée, dans la vue d'en approprier les parties à l'usage des hommes* (Chronologie mathématique), ou enfin *celle des époques auxquelles se rattachent une multitude de faits plus ou moins mémorables* (Chronologie historique) offriroit encore moins d'images riantes à l'esprit qu'une description souvent fort sèche de lieux que la plupart des lecteurs ne visiteront jamais, et dont l'existence est peut-être très-incertaine !

Je le sens : ce qui détourne le plus grand nombre de l'étude de *la Chronologie*, c'est la confusion que l'on croit découvrir dans les trois branches de cette science, confusion qui semble exiger de la part du lecteur, pour n'être point arrêté à chaque pas, des connoissances assez étendues en *Physique* et en *Astronomie*; mais est-il absolument impossible de la faire disparoître cette confusion: ne peut-on, sans nuire à l'ensemble, composer, sur les trois branches de *la Chronologie*, de livres élémentaires où les objets relatifs à chacune des trois parties de cette belle science, soient traités d'une manière distincte ou du moins laissant peu appercevoir la dépendance de ces divers objets entre eux, et où les secours empruntés de la *Physique*, de l'*Astronomie* et du *Calcul*, soient présentés avec tant de simplicité, qu'une personne d'une éducation un peu soignée puisse en concevoir l'usage, avec une médiocre attention ?

Je ne crains pas de l'avancer : ce seroit à la naissance de tels livres que l'on verroit se propager partout le goût de l'étude de la *Chronologie*, et, par une conséquence nécessaire, celui de l'étude de l'*Histoire*, un peu affoibli parmi nous : car quel motif plus puissant pour nous attacher à l'étude de celle-ci, qu'une science qui, par les règles sûres qu'elle renferme, nous met à portée de placer pour ainsi dire sous un même point de vue, le présent et le passé, en nous donnant les moyens de rapprocher, de comparer les dates des événements, et de fixer par-là le degré de foi que nous devons ajouter à ceux dont nous lisons le récit. On me rendra sans doute la justice de croire que je n'ai pas la présomption de regarder le petit Ouvrage que je prends la liberté d'offrir au Public, comme propre à remplacer ces livres : en effet, mon object, en le publiant, n'est que de faire légèrement entrevoir à ceux qui daigneront l'honorer d'un coup d'œil, de quelle utilité seroient pour eux les livres élémentaires dont je viens de parler, et de les engager à unir leurs vœux aux miens pour que quelques-uns de nos Savants distingués veuillent bien en entreprendre la composition ; ou, s'ils existent déjà, pour qu'on les répande avec autant de profusion que les Traités élémentaires sur les autres parties des connoissances humaines.

Avertissement.

Les nombres entre deux parenthèses, servent à indiquer la page où se trouve l'article qui sert de fondement à la proposition dont il s'agit.

NOTIONS

DE CHRONOLOGIE

HISTORIQUE ET MATHÉMATIQUE.

De la distinction des Années communes *et des Années* bissextiles.

On appelle *année*, le temps que le soleil met à parcourir toute l'*écliptique*, de son mouvement propre d'Occident en Orient, ou, en d'autres termes, l'intervalle de temps entre le passage du soleil par un point quelconque du cercle qu'on nomme l'*écliptique*, et son retour au même point. Cet intervalle étant de 365 jours, 5 heures, 48 minutes, 45 secondes, selon les uns, et 48 secondes selon les autres ; car on n'est pas encore bien d'accord sur ce nombre de secondes (nous adoptons le premier), c'est-à-dire, cet intervalle étant composé d'un nombre de jours complets et d'une fraction, on est convenu, pour régler les années sur les saisons, et les rendre conformes les unes aux autres autant qu'il est possible, de négliger cette fraction pendant quelques années de suite, et de n'y avoir égard que lorsque, s'accumulant, elle pourroit former à-peu-près un jour entier. Cette fraction étant d'environ 6 heures qui font le quart d'un jour, on est convenu de compter de suite trois années de 365 jours seulement, et de compter 366 jours dans la quatrième : ces trois premières années consécutives sont ce qu'on appelle années *communes*, et la quatrième, de 366 jours, est ce qu'on nomme année *bissextile*.

Le jour qu'on ajoute à la quatrième année, s'ajoute au mois de Février (*a*), qui, dans les années *communes* n'a que 28 jours, et qui en a par conséquent 29 dans les années *bissextiles* : cet arrangement prescrit par *Jules César*, en a pris le nom de *style Julien*.

Comme la première année de l'*ère chrétienne* (*Voyez* page 55 ce que signifie le mot *ère*.) s'est trouvée être la première des années *communes*,

---

(*a*) Ce jour s'intercale entre le 25 et le 23 Février; on lui a donné le nom de *bissexte*, parce que, selon l'usage des *Romains*, le 23 de ce mois étant le VII *avant les calendes* de Mars (*Voyez* ci-après la signification de ce mot.), dans l'année *bissextile*, on compte deux fois le VI *avant les calendes*, la première le 25 Février, et la seconde le 24, qui est le jour intercalaire.

toutes les années *bissextiles* tombent sur des nombres multiples de 4, ou divisibles exactement par 4; ainsi, les années 1792, 1796, 1812, 1816, etc., sont *bissextiles*, parce que ces nombres sont exactement divisibles par 4.

Cette disposition supposant l'année de 365 jours 6 heures; tandis qu'elle n'est réellement que de 365 jours, 5 heures, 48 minutes, 45 secondes; ce qui fait une différence de 11 minutes, 15 secondes par an, et de 18 heures, 45 minutes par siècle, il s'ensuit qu'à chaque *bissextile* on ajoute 45 minutes de trop : cette différence, en s'accumulant, avoit produit 10 jours depuis le *Concile de Nicée*, l'an 325 de *Jésus-Christ*; pour en tenir compte, le Pape *Grégoire XIII* qui, en 1582, s'occupa de la réformation du Calendrier, statua que l'on rendroit *commune* chaque centième année, au lieu de *bissextile* qu'elle devoit être, suivant la première disposition; mais comme cette suppression de l'année *bissextile* à la fin du siècle, est trop forte de 5 heures, 15 minutes; puisqu'il n'y a que 18 heures, 45 minutes à retrancher, on ne fait la centième année *commune* que pendant trois siècles consécutifs, et dans le quatrième, elle redevient *bissextile* : ainsi, les années 1700, 1800 et 1900 sont des années *communes*, et 2000 est *bissextile*. En général, toutes les années séculaires postérieures à 1600, et qui ne seroient point exactement divisibles par 400, doivent être regardées comme des années *communes*.

Cette réforme n'ayant pas été adoptée par tous les peuples (il n'y a plus aujourd'hui que ceux qui suivent le Rit grec), on a distingué le *nouveau style* et le *vieux style*. Ceux qui suivent le *vieux style* ont compté 11 jours de quantième moins que nous dans le 18e. siècle : dans le siècle actuel (le 19e.), ils en comptent 12, et selon *M. Dulague* (*Leçons de Navigation*), ils en compteront 13 de moins pendant les deux siècles qui suivront l'an 1900. Ainsi, par exemple, durant le 19e. siècle, le 21 Mai pour nous, sera le 9 Mai pour eux. Les *Anglais* n'ont adopté le *nouveau style* qu'au mois de Septembre 1752.

Du commencement de l'Année chez les Juifs, *et de la division des Mois chez les* Romains.

Suivant l'opinion la plus commune, les anciens *Hébreux* ou *Juifs* faisoient commencer l'année à l'*équinoxe* du printemps (du 20 au 21 Mars), parce que c'est à ce temps qu'ils rapportoient la création du monde. Pendant leur séjour en *Égypte*, ils furent à la vérité forcés de suivre la coutume des *Égyptiens*, qui commençoient la leur au mois *Thoth* (*b*) ; année qui, parce que ceux-ci négligeoient, tous les quatre ans, l'intercalation d'un jour, ne s'accordoit nullement avec l'année solaire ; mais dès qu'ils furent sortis de ce pays, ils recommencèrent à compter de l'*équinoxe* du printemps, pour se conformer aux

---

(*b*) Cette année des *Égyptiens*, connue sous le nom d'*année chaldaïque* et *de Nabonassar* (*Voyez*, touchant ce dernier nom, la note (*p*) de la page 54), commença le mercredi 26 Février de l'an 747 avant la naissance de *Jésus-Christ*; elle étoit composée de douze mois de trente jours chacun, à la fin desquels on ajoutoit cinq jours, nommés *épagomènes* : elle ne s'accordoit pas mieux pour cela avec l'année solaire, et par la négligence d'un jour intercalaire tous les quatre ans, son *Thoth*, ou le premier jour de son premier mois, étoit assujetti à parcourir tous les jours de l'année. Ce ne fut qu'en l'an 729 de *Rome*, vingt-cinq ans avant l'*ère chrétienne*, cinq ans après que les *Romains* se furent emparés de l'*Égypte*, que le commencement de cette année fût enfin fixé au 29 Août : ce qui se fit en lui ajoutant tous les quatre ans un sixième *épagomène*, ou, pour parler plus exactement, en lui ajoutant un sixième *épagomène* toutes les années qui précèdent celles que l'on appelle *bissextiles*, selon le *Calendrier Julien*.

NOMENCLATURE ET DISPOSITION DES MOIS DE L'ANNÉE DES ÉGYPTIENS.

Thoth ou *Thot*, *Paophi*, *Athir*, *Choiac* ou *Khojac*, *Tybi*, *Méchir* ou *Makir*, *Phamenoth*, *Pharmuti*, *Pachon*, *Payni*, *Épiphi*, *Messori*.

paroles de l'Exode : *Mensis iste nisan vobis principium mensium : primus erit in mensibus anni.* Ceci cependant ne doit s'entendre que de l'*année ecclésiastique*, suivant laquelle les *Néoménies*, les Sacrifices, et en général toutes les fêtes étoient ordonnés ; car, comme l'observent les *Interprètes de l'Écriture sainte*, il est constant qu'après leur sortie d'*Égypte*, les *Juifs* faisoient commencer leur année *civile* du mois de *Thisri* (22 Septem. *)

---

* On suppose ici que les années judaïques étoient solaires alors, ce qui, comme le donne à entendre le savant *P. Labbe* (*Introduction à la Chronologie*), paroît indubitable ; puisque, dit-il, *Moyse*, en ses cinq Livres, en parlant des fêtes annuelles, ne fait aucune mention ni de la lune ni de l'année lunaire, mais seulement du premier et du septième mois de l'année ; toutefois, ajoute cet Auteur, il est probable que, dès le temps de *Moyse*, les *Juifs* faisoient déjà usage d'années lunaires, ainsi qu'ils le font aujourd'hui. En parlant de ces dernières années, ce Chronologiste dit que « comme parmi » les Chrétiens, nous commençons notre *année civile* au » 1er. de Janvier, et notre *ecclésiastique* à Pâques, de même » *les Juifs* commencent leur *année civile* à la nouvelle lune, » ou premier jour du mois *Thisri*, en automne, et leur *année* » *ecclésiastique* ou *paschale*, à la nouvelle lune, ou premier » jour du mois *Nisan*, au printemps ; et, ajoute-t-il, » comme nous ne comptons pas les années depuis une *Pâque* » jusqu'à l'autre, mais depuis Janvier jusqu'à l'autre Janvier, » ainsi *les Juifs* ne les comptent pas depuis le mois de *Nisan*,

et que leurs contrats et toutes leurs affaires politiques prenoient date de cette année. C'est en admettant cette double année qu'on peut excuser ceux qui prétendent qu'avant *Moyse, les Juifs* commençoient leur année en automne, et que, par conséquent, le monde avoit dû être créé à l'*équinoxe* de cette saison. On vient de dire que les anciens *Égyptiens* prenoient le mois *Thoth* pour le premier de leurs mois : les *Romains* prenoient celui de Mars, d'où les mois de Juillet, Août, etc., reçurent les noms de *Quintilis*, *Sextilis*, etc., noms qui, sans cela, ne cadreroient pas avec les mois auxquels ils se rapportent ; mais lorsque *Numa* eut ajouté les mois de Janvier et de Fé-

---

» mais depuis la *Néoménie de Thisri*. » En parlant de *la translation des Féries*, il dit encore que chez « *les Juifs* modernes, on ne sait d'où a pris son origine la coutume qui » s'est introduite parmi eux de ne pas célébrer le jour de » *Pâques* au lundi, au mercredi, ni au vendredi, mais seulement au dimanche, au mardi, au jeudi et au samedi, qui » sont aussi les jours qui donnent commencement à leur » *Nisan*, ce qui fait que jamais le premier jour de leur *Thisri*, » premier mois de leur *année civile*, ne tombe en un dimanche, en un mercredi ou un vendredi, et que la fête de » *Pentecôte*, distante de *Pâques* de cinquante jours, ne se » célèbre jamais un mardi, un jeudi ou un samedi. » Nous aurons encore occasion de dire quelque chose des années lunaires *judaïques*. (*Voyez* page 20 et suivantes.)

vrier, ils commencèrent à les compter de Janvier : ce que font aussi les *Français* depuis l'édit de *Charles IX*, de l'année 1564. Auparavant, l'année ne commençoit qu'à *Pâques*. Elle a encore eu chez eux d'autres commencements.

Les *Romains* divisèrent leurs mois en jours de trois espèces, savoir : en *calendes*, en *nones* et en *ides*.

Les *calendes* étoient le premier jour de chaque mois ; ce nom, dans son origine *grecque*, signifie *appeller* ; parce que c'étoit dans ce jour que l'on convoquoit le peuple, pour lui indiquer les jours de marché, et qu'on l'appelloit au *Capitole*, pour y apprendre des *Pontifes* ce que, durant le mois, il devoit observer pour honorer les Dieux. Venoient ensuite les *nones*, et enfin les *ides*, dont le nom dérive du mot étrusque *iduare*, qui signifie *diviser*.

Les *nones* étoient le septième des mois de Mars, de Mai, de Juillet et d'Octobre, et le cinquième des autres mois.

Les *ides* étoient le 15 de Mars, de Mai, de Juillet et d'Octobre, et les treizièmes jours des autres mois.

Comme les *calendes* tomboient régulièrement le premier de chaque mois, tandis que, ainsi qu'on vient de le voir, les *nones*, selon les mois, arrivoient à des quantièmes différents, ce qui introduit des différences dans le nombre des jours comptés *avant les calendes* et *les nones*. Pour se rappeler au besoin le quantième de chaque mois où tombent les *nones* et les *ides*, on a coutume de renfermer dans les vers suivants le nombre des *jours de nones* de chacun de ces mois :

Sex maius nonas, October, Julius et Mars :
Quatuor at reliqui : dabit idus quilibet octo.

Ces vers expriment que Mars, Mai, Juillet et Octobre ont *six jours de nones*, que les autres n'en ont que *quatre*, et que les *ides*, dans quelque mois que ce soit, *tombent toujours huit jours après les nones*.

Tous les jours qui précédoient les *calendes*, les *nones* et les *ides*, en tiroient leur nom ; de sorte, par exemple, que, dans les mois où les *nones* tomboient le 5, le 4 se nommoit *la veille des nones* ; le 3, *le 3 devant les nones* ; et le 2, *le 4 devant les nones*. Dans les mois où les *nones* tomboient le 7, le 6 se nommoit *la veille des nones* ; le 5, *le 3 devant les nones* ; le 4, *le 4 devant les nones* ; le 3, *le 5 devant les nones* ; et le 2, *le 6 devant les nones*.

Quant au nombre des jours qui précédoient les *calendes* ou le premier jour du mois suivant, en remontant vers les *ides* ; ce nombre dépendoit et des *nones* et du nombre des jours du mois : les mois de Janvier, Août et Décembre, qui ont trente-un jours et quatre jours de *nones*, où, par conséquent, les *ides* tombent le 13, *avoient dix-neuf jours avant les calendes*; les mois de Mars, Mai, Juillet et Octobre, qui ont trente-un jours et six jours de *nones*, qui font tomber les *ides* au 15, *n'avoient que dix-sept jours devant les calendes*; les mois d'Avril, Juin, Septembre et Novembre, qui n'ont que trente jours, et où les *ides* tombent le 13, ces mois n'ayant que quatre jours de *nones*, *avoient dix-huit jours devant les calendes*, et le mois de Février, seize.

Méthode pour trouver à quel jour, avant les calendes, *correspond un quantième entre le 13 ou le 15 et la fin du mois.*

AJOUTEZ deux unités au nombre des jours du mois dont il s'agit, et de la somme retranchez le quantième proposé (*); le reste sera le jour, *avant les calendes*, correspondant à ce quantième.

(*) S'il s'agissoit, au contraire, de trouver à quel quantième correspond un certain jour *avant les calendes*, on voit qu'il n'y a qu'à retrancher ce jour du nombre des jours du mois qui précède les *calendes*, augmenté de deux unités. On fera une remarque semblable pour trouver le quantième correspondant à un certain jour *avant les ides*.

Cette règle est générale, et n'a d'exception que pour les quantièmes 25 et 24 Février, dans les années *bissextiles*, qui, conformément à ce qui a été dit dans la note (*a*) de la page 10, correspondent à-la-fois au 6 *avant les calendes* de Mars.

Méthode pour trouver à quel jour, avant les ides, *correspond un quantième compris entre le 7 et le 14, ou entre le 5 et le 12 du mois.*

A 13 ou à 15, selon le jour assigné aux *ides* dans le mois dont il s'agit, ajoutez une unité, et de la somme retranchez le quantième proposé : le reste sera *le jour avant les ides*, correspondant à ce quantième.

Remarque. Dans ces recherches on peut aussi faire usage de la règle, *pour la Comparaison des Dates*, que l'on trouve page 57 et suivantes, représentant le *jour des calendes et des ides* par 0, et *le terme correspondant de la progression ou de la proportion arithmétique*, pour *les calendes* : par l'unité augmentée du nombre des jours du mois précédent ; et pour *les ides*, par le quantième où elles tombent dans le mois dont il est question, ayant soin d'augmenter le résultat de l'opération d'une unité.

Nomenclature et disposition des Mois des Années lunaires judaïques.

Les mois lunaires qui les composent sont tellement disposés les uns à l'égard des autres, que ces années se rapprochent beaucoup de l'année solaire. Dans l'espace de dix-neuf ans, les Juifs intercalent sept mois, qui font autant d'années *embolismiques* ou de treize mois, et trouvent, par ce moyen, que dix-neuf années lunaires, sont presque égales à autant de solaires; néanmoins, leurs années ne sont pas semblables entre elles, eu égard aux jours qui les composent. On y remarque trois différences : les unes nommées *défectueuses*, n'ont que 353 jours, les autres, *ordinaires*, 354; et les autres, *surabondantes*, en ont 355. Ceci ne regarde que les années *communes*; car les *embolismiques défectueuses* n'en ont que 383; les *ordinaires*, 384; et les *surabondantes*, 385.

Voici de quelle manière sont disposés les mois dans l'*année judaïque civile* :

Le 1er. est *Thisri* ou *Thyzry*, *plein*, c'est-à-dire, de 30 jours; le 2me., *Marchesuvan* ou *Marshevan*, tantôt *plein*, tantôt *cave*, c'est-à-dire, de 29 jours; le 3me., *Chasleu* ou *Kasleu*, quelquefois *plein*, quelquefois *cave* ; le 4me., *Tebeth* ou *Thebeth*, *cave* ; le 5me., *Sebat* ou *Shebbath*, *plein* ; le 6me., *le premier Adar* (qui est le mois intercalaire), *plein* ; le 7me., *le second Adar*, *cave* ; le 8me., *Nisan*, *plein* ; le 9me., *Ijar*, *cave* ; le 10me., *Siuvan* ou *Sivan*, *plein* ; le 11me., *Tamuz* ou *Thamuz*, *cave* ; le 12me., *Ab*, *plein* ; et le 13me., *Elul*, *cave*.

Dans l'*année ecclésiastique*, *Nisan* est le premier, *Ijar* le second, *Sivan* le troisième, *Tamuz* le quatrième, *Ab* le cinquième, *Elul* le sixième, *Thisri* le septième, *Marshevan* le huitième, *Kasleu* le neuvième, *Tebeth* le dixième, *Shebbath* le onzième, et *Adar* le douzième et le treizième.

Les mois *Marshevan* et *Kasleu* sont *caves* dans les années *défectueuses*, dans les *surabondantes*, tous deux *pleins*, et dans les années *ordinaires*, *Marshevan* est *cave* et *Kasleu plein* ; d'où il suit que dans l'année *surabondante* il y a de suite trois mois *pleins*, et trois mois *caves* dans l'année *défectueuse*.

La première année *judaïque civile* commença le lundi 7 Octobre de l'an 953 de la *période Julienne*, l'an 3761 avant l'*ère chrétienne* ; ainsi, pour trouver l'année des *Juifs*, correspondante à une année quelconque de cette *ère*, il ne faut qu'ajouter 3761 à cette année. On peut aussi faire usage de la règle que l'on trouve page 57 et suiv.

DES ANNÉES GRECQUES ET ARABIQUES.

De l'Année grecque.

Les mois des *Athéniens* étoient lunaires, et conséquemment leur année devoit l'être aussi ; mais, à l'aide des *embolismes* et des intercalations, elle ne différoit que de très-peu de l'année solaire, et ainsi s'accordoit assez bien avec les saisons. Pour établir la correspondance de leur année avec l'année solaire, ils recoururent à différents expédients : d'abord ils firent usage de *dieterides* ou *périodes* de deux années, ensuite d'*octaeterides* ou *périodes* de huit années, qui étant doublées, en formoient d'autres de seize ans, qu'on nommoit *heccaeterides* ; et enfin de la révolution fameuse de dix-neuf ans, qu'ils appelèrent *endecaeteride*, *cycle lunaire* et *année de Méthon*, parce que *Méthon*, célèbre Astronome, la publia l'an 321 de *Rome* ; sur la fin de la magistrature annuelle d'*Apseudes* ; mais cette *période* ne se trouvant pas encore assez juste pour égaler le cours du soleil avec celui de la lune, *Calippe*, autre Astronome très-distingué, en fit une autre de soixante-seize ans, qui ne fut pas non plus trouvée sans défaut ;

car, comme *Hypparque* l'a remarqué, dans l'espace de trois cents ans, elle s'éloigne d'un jour entier du véritable cours de la lune : le défaut de justesse de toutes ces *périodes* les obligèrent à recourir à des *embolismes*, et quelquefois même à des retranchements de quelques jours sur la fin de leurs mois et de leurs années, pour faire cadrer leurs mois lunaires avec le cours du soleil.

---

*Nomenclature et disposition des Mois de l'*Année grecque, *selon le P.* Petau.

(Doctrine des Temps, 1er. *vol.*)

Hécatombeon, *Metagitnion*, *Boedromion*, *Maimacterion*, *Pyaneption*, *Posideon* (*), *Gamelion*, *Authesterion*, *Elafabolion*, *Munichion*, *Thargelion* et *Seyrrophorion*.

Hecatombeon commençoit vers le *solstice* d'été, quelquefois plutôt et quelquefois plus tard ; c'est à cette époque que l'on s'occupoit de l'élection du nouveau Magistrat, connu sous le nom d'*Archonte*.

Les mois *grecs* se partageoient en trois dixaines,

(*) Dans les années *embolismiques*, c'étoit entre *Posideon* et *Gamelion* qu'ils intercaloient le mois qu'ils appeloient *Posideon second*.

quoique la troisième dixaine fût imparfaite dans les mois qu'ils appeloient *caves* ou *raccourcis*, et qui accompagnoient, pour l'ordinaire, les mois *pleins*. La première dixaine portoit un nom qui indiquoit le commencement et l'accroissement du mois ; le nom de la seconde marquoit que le mois étoit en son milieu, et comme en sa perfection ; et celui de la troisième exprimoit que le mois étoit expirant ou tirant à sa fin. Chaque jour avoit aussi un nom particulier.

De l'Année arabique.

C'est des anciens *Arabes* que les *Turcs*, et autres Sectateurs de *Mahomet*, ont emprunté cette sorte d'année composée de douze mois purement lunaires, sans aucune intercalation pour égaler le cours de la lune à celui du soleil : de-là vient que le premier jour de leur premier mois, appelé *Muharran* ou *Moharam*, change tous les ans de place et rétrograde de onze jours, parcourant successivement toutes les saisons de l'année, et correspondant, par exemple, 1°. à Mars, puis à Février, Janvier, Décembre, et autres mois de notre année *julienne*. Au reste, les années arabiques ne sont pas toutes égales : comme douze mois *synodiques* (*) (*Voyez* la note *q*,

(*) Chaque *mois lunaire* ou *lunaison*, ou *mois synodique*, est de 29 jours 12 heures 44 minutes 3 secondes.

page

page 55) excèdent l'année lunaire *commune* qui est de 354 jours, l'excédent, dis-je, de 8 heures, 48 minutes, 36 secondes; lorsque ces heures, ces minutes et ces secondes sont suffisamment accumulées pour former un jour, les *Musulmans* ajoutent ce jour à leur année, qui porte alors le nom de *surabondante*, ayant 355 jours.

Les mois des *Turcs* sont, comme ceux des *Juifs*, alternativement *pleins* et *caves*, c'est-à-dire, de 30 et de 29 jours. Voici leurs noms et l'ordre dans lequel ils les comptent :

*Nomenclature et disposition des Mois de l'*Année arabique.

Muharran ou *Moharam*, *Tzephar* ou *Sefer* ou *Saphar*, *Rabie* ou *Rabiul-Ewel* ou *Rabi* premier, *Rabie* ou *Rabiul-Achir* ou *Rabi* second, *Giumadi* ou *Gimaasil-Ewel* ou *Giamadhi* premier, *Giumadi* ou *Gimaasil-Achir* ou *Giamadhi* second; *Regiab* ou *Regeb* ou *Nagier*; *Saheben* ou *Schaaban* ou *Schaban*; *Ramazan* ou *Rhamadan*; *Schewal*; *Zilkaade* ou *Dulkaida*; *Zilhigge* ou *Dulchegia* ou *Dulhagieh*.

Les *Musulmans* comptent leurs mois de la première pointe *du Croissant* qui se fait voir sur le soir, et suit ordinairement, d'un ou de deux jours, la conjonction du soleil et de la lune : ils commencent leurs fêtes de cet instant, et les continuent jusqu'au soir suivant.

Du Cycle lunaire.

Le *cycle lunaire*, dont on a déjà parlé (22), est une révolution de 19 années, à la fin desquelles les *nouvelles* et les *pleines lunes* reviennent à-peu-près à la même heure du même jour du même mois que 19 ans auparavant,

On dit *à-peu-près à la même heure*, parce qu'au bout de 19 ans, les *nouvelles* et les *pleines lunes* arrivent environ une heure et demie plutôt. Les *Athéniens* en eurent d'abord une si haute idée, qu'ils firent graver le *cycle lunaire* en lettres d'or; et c'est de-là qu'on appelle *nombre d'or* le *nombre* ou la *date du cycle*, qui répond à chaque année proposée.

Manière de trouver la Date du Cycle lunaire *ou le* Nombre d'or, *pour une année proposée de l'*ère chrétienne.

Il faut ajouter 1 à cette année, parce qu'il y avoit 1 de *nombre d'or* passé à la naissance de *Jésus-Christ*, et diviser la somme par 19 : le reste, sans nul égard au quotient, exprime le *nombre d'or*. S'il ne reste rien, le *nombre d'or* est 19. Le *nombre d'or* sert à trouver l'*épacte*.

De l'Épacte, et de la manière de la trouver pour une année entre 1700 et 1900 exclusivement.

LES *épactes* sont des nombres qui marquent à-peu-près, pour chaque année, l'*âge* de la lune à la fin de l'année précédente, c'est-à-dire, le nombre de jours écoulés depuis la dernière *conjonction* ou *nouvelle lune*.

Pour trouver l'*épacte* correspondante au *nombre d'or* proposé, on fait usage de l'un ou de l'autre des procédés suivants :

PREMIER PROCÉDÉ.

On diminue le nombre d'or d'une unité ; on multiplie le reste par 11, et l'on divise ensuite le produit par 30 : le reste de la division est l'*épacte*. (*Voyez* les Traités d'Astronomie, de Navigation, etc., etc.)

DEUXIÈME PROCÉDÉ.

On compte le *nombre d'or* circulairement sur la racine, sur la jointure et sur le bout du pouce, en commençant à la racine ; si le *nombre d'or* finit sur la racine, on en retranche 1 pour avoir l'*épacte* ;

s'il finit sur la jointure, on y ajoute 9 ; et s'il finit sur le bout, on y ajoute 19 ; la somme du *nombre d'or* et de la quantité ajoutée donne l'*épacte :* si cette somme étoit plus grande que 30, on en prendroit le surplus.

Ce second procédé se trouve dans l'*Abrégé du Pilotage, pour servir aux Conférences d'Hydrographie, imprimé à Brest, en 1728,* et dans les *Leçons de Navigation, par M. Dulague.* Cet Auteur y a fait l'addition suivante : Depuis 1900 jusqu'à 2100, on retranchera 2 du *nombre d'or;* s'il finit sur la racine, on y ajoutera 28 ; sur la jointure on y ajoutera 8, et au bout, 18.

*Remarque sur l'*Épacte.

Outre l'*âge* de la lune à la fin de l'année précédente, l'*épacte* sert encore à trouver à-peu-près l'âge de cette planète pour un jour proposé, ainsi que les *nouvelles* et les *pleines lunes ;* mais comme cette méthode peut, dans plusieurs cas, induire en une erreur d'un ou de deux jours sur le vrai temps des *phases* de la lune, on n'en parlera point ici : ceux d'ailleurs qui seroient curieux de la connoître, peuvent recourir aux Ouvrages précités, et même aux almanachs où l'on traite des mouvements de la lune ; mais on fera mieux de n'employer dans cette recherche que des *Tables astronomiques*, telles que celles que l'on trouve à la suite des *Traités de Navigation*, ou séparément, et qui (les Tables de M. *Dulague* en particulier) donnent le *vrai temps* des *phases* de la lune communément à dix ou douze minutes près : la différence, dans les plus grandes erreurs, n'allant presque jamais à une demi-heure.

Du Cycle solaire.

Les 365 jours dont l'*année commune* est composée, forment 52 semaines et un jour ; d'où il suit que, s'il n'y avoit point d'*années bissextiles*, les quantièmes des mois et les jours de la semaine se retrouveroient les mêmes de sept ans en sept ans ; mais l'*année bissextile*, dit M. l'Abbé *Nollet* (*Leçons de Physique expérimentale*, tom. 6.) étant de 52 semaines et 2 jours, le concours des quantièmes des mois, avec les jours de la semaine, recule encore d'un jour tous les quatre ans ; en sorte que ce n'est qu'au bout de 28 ans que le même quantième peut se retrouver au même jour de la semaine, après en avoir parcouru tous les autres jours : le même quantième pourra bien revenir au même jour plus d'une fois dans cet intervalle ; mais il n'aura pas encore parcouru tous les jours de la semaine. Cet intervalle de 28 ans est ce qu'on appelle *cycle solaire*. L'année de la naissance de *Jésus-Christ* étoit la 10e. du *cycle solaire* ; ainsi, pour trouver l'*année du cycle solaire*, qui répond à une année proposée de l'*ère chrétienne*, il faut ajouter 9 à cette dernière année, et diviser la somme par 28 : le reste, sans égard au quotient, sera l'*année du cycle* ; s'il ne restoit rien, l'*année du cycle* seroit 28.

Dans le *calendrier* de chaque année, il y a une lettre qui désigne *le dimanche*, et qu'on nomme pour cela *lettre dominicale*. Cette lettre est toujours l'une de celles-ci : *a*, *b*, *c*, *d*, *e*, *f*, *g*.

On trouvera la *lettre dominicale* qui convient à une année proposée, si l'on compte *la date du cycle solaire* circulairement sur quatre doigts ou sur un nombre d'unités écrites les unes à la suite des autres, et égal à celui du *cycle solaire*, en ayant attention, chaque fois qu'on recommencera une période de quatre unités, de prononcer, sur le premier doigt ou sur la première unité, deux des lettres ci-dessus, et une seulement sur chacun ou chacune des autres : la lettre que l'on cherche est celle que l'on prononcera la dernière.

Il y a un ordre à suivre en prononçant ces lettres ; le voici pour un assez grand nombre d'années. Il est facile de voir ce qu'il y auroit à faire, si l'on vouloit continuer ce tableau.

De la première année de l'ère chrétienne au 4 Octobre *inclusivement* de l'année 1582, où eut lieu la réformation du *calendrier*, par le *Pape Grégoire XIII* (*c*), l'ordre des lettres est

g, f, e, d, c, b, a.

De 1582, après cette réformation, c'est-à-dire, du 15 Octobre, à *Rome*, et du 20 Décembre, en *France*,

à 1599 *inclusivement*. . . . . c, b, a, g, f, e, d.
de 1600 (bissext.) à 1699 *inclus*. *idem*.
de 1700 à 1799 *idem*, ... d, c, b, a, g, f, e.
de 1800 à 1899 *id*. . . . . e, d, c, b, a, g, f.
de 1900 à 1999 *id*. . . . . f, e, d, c, b, a, g.
de 2000 (bissext.) à 2099 *id*. . . *idem*.
de 2100 à 2199 *id*. . . . . g, f, e, d, c, b, a.
de 2200 à 2299 *id*. . . . . a, g, f, e, d, c, b.
de 2300 à 2399 *id*. . . . . b, a, g, f, e, d, c.
de 2400 (bissext.) à 2499 *id*. . . *idem*.
de 2500 à 2599 *id*. . . . . c, b, a, g, f, e, d.

(*c*) Le Pape *Grégoire XIII* réforma le Calendrier, en retranchant (11) dix jours de l'année 1582; de sorte que le 5 Octobre, à *Rome*, fut réputé le 15. En *France*, selon M. *Delahire* (*Tabulæ astronomicæ*, *usus tabularum*, page 4) et M. l'Abbé *Nollet* (*Leçons de Physique expérimentale*, tome 6, page 119), ce retranchement se fit du mois de Décembre de la même année, et l'on convint de regarder le 10 Décembre comme le 20 de ce mois; c'est pourquoi, par rapport à la *France*, l'ordre des lettres *g*, *f*, *e*, *d*, *c*, *b*, *a*, doit être gardé jusqu'au 9 Décembre inclusivement de l'année 1582, et l'ordre *c*, *b*, *a*, *g*, *f*, *e*, *d*, jusqu'à 1599, doit commencer du 20 de ce mois.

de 2600 à 2699 inclusivement. . d, c, b, a, g, f, e.
de 2700 à 2799 *id.* . . . . e, d, c, b, a, g, f.
de 2800 (bissext.) à 2899 *idem*. . *idem.*
de 2900 à 2999 *id.* . . . . f, e, d, c, b, a, g.
de 3000 à 3099 *id.* . . . . g, f, e, d, c, b, a.
de 3100 à 3199 *id.* . . . . a, g, f, e, d, c, b.
de 3200 (bissext.) à 3299 *id.* . . . *idem.*
de 3300 à 3399 *id.* . . . . b, a, g, f, e, d, c.
de 3400 à 3499 *id.* . . . . c, b, a, g, f, e, d.
de 3500 à 3599 *id.* . . . . d, c, b, a, g, f, e.
de 3600 (bissext.) à 3699 *id.* . . . *idem.*
de 3700 à 3799 *id.* . . . . e, d, c, b, a, g, f.
de 3800 à 3899 *id.* . . . . f, e, d, c, b, a, g.
de 3900 à 3999 *id.* . . . . g, f, e, d, c, b, a.
de 4000 (bissext.) à 4099 *id.* . . . *idem.*
de 4100 à 4199 *id.* . . . . a, g, f, e, d, c, b.
de 4200 à 4299 *id.* . . . . b, a, g, f, e, d, c.
de 4300 à 4399 *id.* . . . . c, b, a, g, f, e, d.
de 4400 (bissext.) à 4499 *id.* . . . *idem.*
de 4500 à 4599 *id.* . . . . d, c, b, a, g, f, e.
de 4600 à 4699 *id.* . . . . e, d, c, b, a, g, f.
de 4700 à 4799 *id.* . . . . f, e, d, c, b, a, g.
de 4800 (bissext., à 4899. . . . . *idem.*
de 4900 à 4999 *id.* . . . . g, f, e, d, c, b, a.
de 5000 à 5099 *id.* . . . . a, g, f, e, d, c, b.
de 5100 à 5199 *id.* . . . . b, a, g, f, e, d, c.
de 5200 (bissex.) à 5299 *id.* . . . . *idem.*
de 5300 à 5399 *id.* . . . . c, b, a, g, f, e, d;

et cætera.

Remarque. Quand l'année est *bissextile* il y a deux *lettres dominicales*, dont la première sert jusqu'au 24 Février, et la seconde pendant le reste de l'année. Les années séculaires 1700, 1800, 1900, et en général les années séculaires postérieures à 1600, qui ne sont point exactement divisibles par 400, ne devant plus être regardées comme *bissextiles*, d'après le réglement de *Grégoire XIII*, lorsqu'on aura à chercher *la lettre dominicale* pour quelques-unes de ces années; des deux lettres que l'on trouvera, il ne faudra prendre que la seconde, la première étant celle de l'année précédente.

Exemple Ier.

On demande quelle est la *lettre dominicale* pour l'année *commune* 1809.

Cherchant par la règle ci-dessus (30), ou à l'aide de l'année correspondante de la *période julienne*, de la manière qu'on le verra ci-après (40), *la date du cycle solaire* pour 1809, on trouve 26; décomposant ce nombre, comme on le fait ici, en 26 unités consécutives qui se comptent, dans cet exemple, de gauche à droite, et affectant ces unités d'accents de 4 en 4, pour marquer celles sur lesquelles on doit prononcer deux lettres à-la-fois, on considérera que l'année 1809 tombant entre 1800 et 1899, l'ordre des lettres est *e*, *d*, *c*, *b, a, g, f;* puis, prononçant circulairement les sept lettres ci-dessus sur ces vingt-six unités, on trouvera à la 26e. unité que la *lettre dominicale* que l'on cherche est la lettre *a*.

```
,       ,       ,       ,       ,       ,       ,
1 1 1 1 1 1 1 1 1 1 1 1 1 1 1 1 1 1 1 1 1 1 1 1 1 1
e c b a g e d c b g f e d b a g f d c b a f e d c a
d       f       a       c       e       g       b
```

EXEMPLE II.

Quelles sont les *lettres dominicales* pour l'année *bissextile* 4088 ?

Cette année tombe entre 4000 et 4099 ; par conséquent, l'ordre des lettres doit être g, f, e, d, c, b, a. *La date du cycle* solaire est 9 (30). Si l'on prononce les lettres ci-dessus sur neuf unités, comme dans l'exemple précédent, la dernière unité donnera *d* et *c* pour les *lettres dominicales* cherchées.

EXEMPLE III.

Quelle doit être *la lettre dominicale* pour l'année *séculaire* et non *bissextile* 1900 ?

L'ordre des lettres en 1900 est f, e, d, c, b, a, g. *La date du cycle solaire* 5 (30) : prononçant ces lettres sur cinq unités, la dernière unité donnera les deux *lettres dominicales* a *et* g ; et puisque, selon la remarque précédente (33), on doit rejeter la première, la lettre *g* est donc la *lettre dominicale* pour 1900. Si l'on cherche celle qui convient à 1899, on trouvera, conformément à cette même remarque, que la lettre *a* est la *dominicale* de cette année.

Le *cycle solaire* sert encore à trouver par quel jour de la semaine commence tel ou tel mois, et par conséquent aussi, à quel jour de la semaine répond tout autre quantième. Il faut pour cela connoître *la lettre fériale* (*d*).

Les *lettres fériales* sont les initiales des mots qui composent ces vers :

Astra Dabit Dominus, Gratisque Beabit Egenos :
Gratia Christicolæ Feret Aurea Dona Fideli.

regardant *gratisque* comme un seul mot, ou de ceux-ci :

A, Dieu, Donc, Gassion, Brave, Et, Généreux
Commandant, Fidelle, Appui, Des Français !

La première, *a*, est celle de Janvier ; la seconde, *d*, celle de Février ; la troisième, *d*, celle de Mars, etc.

(*d*) Ce mot vient de *feries*, nom que l'*Église* a donné à tous les autres jours de la semaine après le dimanche ; elle les compte dans l'ordre suivant : La 2e. *férie*, ou le lundi ; la 3e. *férie*, ou le mardi, etc.

Il faut comparer la *lettre fériale* à la *lettre dominicale*; si elle est la même, le mois commence par un dimanche; si la *fériale* suit immédiatement la *dominicale*, ou la précède selon l'ordre alphabétique : le mois commencera par un lundi dans le premier cas, ou par un samedi dans le second. Ainsi, par exemple, la *lettre dominicale* étant *b* et la *lettre fériale* c : le mois commencera par un lundi, et par un samedi, si la *fériale* est la lettre *a*.

Du Cycle d'Indiction.

CHEZ les *Grecs* étoient ces fameuses *Olympiades* ou *Tetraëterides*, composées de quatre années, à la fin desquelles se célébroient les *Jeux olympiques*; et chez les *Romains* étoit le *Lustre*, composé de cinq ans, au bout desquels se percevoient certains tributs, se faisoient le récensement des biens et le choix de la jeunesse propre à porter les armes. Sous l'empire de *Constantin* dit *le Grand*, les *Olympiades* et le *Lustre* furent remplacés par l'*Indiction* (*e*), qui est un intervalle de quinze années,

(*e*) Il y a trois sortes d'*Indiction* : la première, appelée *Constantinopolitaine*, qui commence au 1er. Septembre; la deuxième, *Césarienne* ou *Impériale*, qui a son commencement fixé au 24 de ce mois; et la troisième, qui commence avec

durant lequel les provinces romaines devoient payer les tributs qui leur avoient été imposés ; les *Papes* ont continué d'en faire usage.

Pour trouver la *date de l'Indiction* pour une année de l'*ère chrétienne*, il ne faut qu'ajouter 3 unités à cette année, et diviser la somme par 15 ; le reste de la division sera la *date* cherchée. S'il ne restoit rien, l'*indiction* seroit 15. On ajoute 3 unités à l'année de l'*ère chrétienne*, parce que la première année de cette *ère* se trouve être la 4e. de ce cycle.

---

notre année *julienne*, est nommée *Romaine* ou *Pontificale*, parce que, comme on l'a dit ci-dessus, les *Papes* en ont fait usage jusqu'à présent dans leurs *Bulles* et autres expéditions de la *Chambre apostolique*. Les *Chronologistes* ont soin d'engager à bien distinguer ces trois sortes d'*Indiction* ; car autrement, disent-ils, on est exposé à se tromper grossièrement en lisant et en examinant les anciens Écrivains depuis le temps de *Constantin* et du *Concile de Nicée*, les *Conciles*, les *Chartes*, les *Titres* et autres monuments de l'antiquité *grecque* et *latine*.

De la Période Victorienne ou *Dyonisienne* (f).

Cette *période* de 532 ans est telle, qu'après sa révolution, les *nouvelles* et les *pleines lunes* reviennent non seulement aux mêmes quantièmes, mais encore aux mêmes jours de la semaine; elle est le produit du *cycle solaire* 28 par le *cycle lunaire* 19.

De la Période Julienne (g).

Cette période, de 7980 ans, est des plus utiles pour vérifier les dates des faits historiques, qui auroient été marquées par quelques-unes de ses années ou de celles des *cycles solaire, lunaire* et

(f) Les uns attribuent l'invention de cette *période à Victorius*, natif d'*Aquitaine*, très-habile *Chronologiste*, et qui vivoit du temps du *Pape S. Léon*; d'autres à *Denis-le-Petit*, savant Abbé, *Scythe* de nation, et qui demeuroit à *Rome* sur la fin du règne de *Théodoric, roi des Ostrogoths*, vers l'an 520 de l'*ère chrétienne*; mais il paroît que le plus grand nombre en fait honneur au premier.

(g) *Gallimard* dit, dans son *Arithmétique*, page 192, que les uns prétendent que la *période julienne* doit son nom à *Jules Scaliger*, et d'autres qu'elle le doit à *Jules-César*,

d'*indiction*; elle se forme du produit de la multiplication de ces trois derniers *cycles* entre eux, c'est-à-dire, du produit de la multiplication entre eux des nombres 28, 19 et 15, ou, ce qui revient au même, résulte de la multiplication de la *période victorienne* par le *cycle d'indiction* : on peut la considérer encore comme l'assemblage de 7980 *combinaisons* toutes différentes; combinaisons

---

alors *souverain Pontife*; M. l'Abbé *Marie*, dans ses Additions aux *Leçons élémentaires de Mathématiques*, par M. l'Abbé *de Lacaille*, se range du premier avis, et donne à *Scaliger* les prénoms de *Joseph-Jules*; le P. *Labbe*, dans son *Introduction à la Chronologie*, attribue l'invention de cette *période* à *Joseph de Lescale*, qui vivoit encore au commencement du 17e. siècle; c'est lui, dit-il, qui le premier, s'avisa de joindre ensemble les trois *cycles solaire*, *lunaire* et d'*indiction*, en multipliant par 15 la *période de Victorius*. Selon les *Mémoires de Létoile*, page 264, *Joseph-Juste de Lescale*, mort à *Leyde*, en 1609, suivant son épitaphe composée par lui-même, étoit fils de *Jules-César Scaliger* : c'est peut-être cette conformité de nom avec celui de l'*empereur romain*, qui est cause que quelques-uns attribuent l'invention de cette période à l'*Empereur Jules-César*. Au reste, ces différentes prétentions ne font qu'ajouter à la difficulté de découvrir le véritable inventeur, puisqu'au lieu de deux inventeurs, il s'en présente trois. Sans adopter aucune opinion particulière là-dessus, ne feroit-on point mieux de se borner à penser, avec le P. *Labbe*, que la *période julienne* doit son nom aux années *juliennes* dont elle est formée.

que l'on trouveroit en représentant chacune des *dates* des trois *cycles* ci-dessus par une lettre particulière ; *combinant* ensuite séparément les 28 lettres du *cycle solaire* avec les 19 du *cycle lunaire*, et les 532 *combinaisons* qui en résulteroient, chacune avec les 15 lettres du *cycle d'indiction* : cette *période* jouit de la propriété remarquable que chacun des trois *cycles* qui servent à la former, étant révolu, recommence. Par exemple, que l'année 28e. du *cycle solaire* est suivie de la première année de ce *cycle*, sans que, durant une même révolution, deux années aient les mêmes *cycles*. Voici trois des principales questions que l'on peut proposer sur cette *période* (*) :

Question Ire.

Une année des 7980 de la période julienne étant donnée, trouver les dates des cycles solaire, lunaire et d'indiction pour cette année, et par conséquent la combinaison caractéristique de cette même année ?

Soit l'année de la *période* 6522 : il est évident que, rejetant, autant qu'on le peut, un *cycle* entier de l'année proposée, ce qui reste est la *date* de ce *cycle* : en conséquence, pour trouver

(*) *Voyez*, touchant cette introduction, le *Traité de la Grandeur*, par *Bernard Lamy*, page 487 et suiv.

les *dates des cycles solaire*, *lunaire* et d'*indiction* de l'année 6522, je divise 6522 successivement par 28, 19 et 15, et les restes de chaque division m'apprennent que les *dates* de ces *cycles* sont 26, 5 et 12. Maintenant, si je veux connoître l'année de l'*ère chrétienne*, correspondante à l'année de la *période*, je n'ai qu'à retrancher 4713 de cette année de la période (*h*) ; le reste 1809 que je trouverai, sera l'année correspondante de l'*ère chrétienne*. Ainsi, la *date du cycle solaire* pour 1809, est aussi 26 ; celle du *cycle lunaire* ou le *nombre d'or*, 5 ; et l'*indiction romaine*, 12. La *combinaison caractéristique* de l'année de la *période* se compose donc des trois lettres qui représenteroient 26, 5 et 12. On retranche 4713 de l'année de la *période*, parce que la première année de l'*ère chrétienne*,

---

(*h*) Si l'année proposée de la *période* étoit moindre que 4714, il faudroit l'en retrancher, et le reste marqueroit l'*année avant Jésus-Christ*, à laquelle correspond l'année de la *période julienne*. Au reste, il n'est ici question que d'années comprises dans la première révolution de cette *période* ; après la première révolution de la *période julienne*, pour trouver l'année de l'*ère chrétienne* correspondante à une de ses années, il faudra ajouter à celle-ci autant de fois 7980 qu'il y aura alors de révolutions complètes de cette même *période* ; la différence de la somme de ces deux quantités à 4713, exprimera l'année cherchée de l'*ère chrétienne*.

que l'on dit avoir commencé avec la 3984e. du monde (*i*), concourt avec la 4714e. de la *période julienne.*

Question IIe.

Il suit de ce qui a été dit dans la question précédente, que si l'on vouloit *connoître l'année de la période, correspondante à une année proposée de l'ère chrétienne*, il suffiroit d'ajouter 4713 à cette année (*k*). Ainsi, si l'on me demandoit l'année de la *période julienne*, correspondante à l'année de l'*ère chrétienne* 1809 : à 1809 j'ajouterois 4713, et la somme 6522 seroit l'année de la *période julienne*, correspondante à cette année.

(*i*) Selon le *P. Petau*. Il y a plusieurs autres opinions ; nous adoptons celle de ce savant.

(*k*) Dans le cas où il seroit question d'une *année avant Jésus-Christ*, il faudroit retrancher cette année de 4714, et le reste exprimeroit l'année correspondante de la *période julienne*. Après l'année 3267 de l'*ère chrétienne*, correspondante à la 7980e. de cette *période*, lorsqu'on voudra trouver l'année de la *période*, qui correspond à une année donnée de cette *ère*, il faudra ajouter 4713 à l'année proposée de l'*ère chrétienne*, et diviser la somme par 7980 : le quotient et le reste de la division feront connoître : le premier, le nombre des révolutions complètes de cette *période* ; le second, l'année de la *période*, correspondante à l'année proposée de l'*ère chrétienne*. Si le reste de la division étoit o, l'année correspondante de la *période*, seroit la 7980e. année de la dernière des révolutions complètes exprimées par le quotient.

Question IIIᵉ.

Connoissant les dates des trois cycles solaire, lunaire et d'indiction, pour une certaine année de la période julienne, trouver cette année de la période.

Ce problême *indéterminé* se résout assez aisément de la manière suivante (*l*) :

Soient, par exemple, les trois *dates* données, 26, 5 et 12. On voit, d'après ce qui précède, que la question peut se changer en cette autre : *Trouver le moindre nombre entier qui, divisé par 28, 19 et 15,* laisse 26, 5 *et* 12 *pour restes correspondants.* Pour résoudre celle-ci, il faut chercher d'abord le moindre nombre entier qui, divisé par 28 et par 19, laisse pour restes 26 et 5 ; l'ayant trouvé, il ne s'agira plus que de le combiner, par voie d'addition, avec le moindre multiple du produit de 28 par 19, qui puisse faire remplir la troisième condition, sans déroger aux deux autres. Il est clair que le nombre qui satisfera à ces trois conditions, devra être pris pour l'année de la période.

Détail de l'opération.

Soit x le plus petit nombre entier qui, divisé successivement par 28 et par 19, puisse laisser

(*l*) Pour la résolution de ce problême, on combine ici les méthodes de MM. *Bézout* et *Bossut.*

26 et 5 pour restes; y, le premier quotient, y' le second : on aura les deux équations $x = 28\,y + 26$, $x = 19\,y' + 5$, et par conséquent, en comparant ces valeurs de x, $19\,y' = 28\,y + 21$, ou $y' = \frac{28\,y + 21}{19}$. Faisant la division autant que possible, cette équation devient $y' = y + 1 + \frac{9\,y + 2}{19}$; y et y' exprimant un certain nombre de révolutions complètes des *cycles solaire* et *lunaire*, on voit qu'il faut, pour que cette équation puisse avoir lieu, que $\frac{9\,y + 2}{19}$ soit un nombre entier positif; soit v, ce nombre : on aura donc $\frac{9\,y + 2}{19} = v$, ou $y = \frac{19\,v - 2}{9}$: faisant la division autant qu'il est possible, cette équation devient $y = 2\,v + \frac{v - 2}{9}$. $\frac{v - 2}{9}$ devant être un nombre entier, pour que y soit aussi un nombre entier : soit fait $\frac{v - 2}{9} = u$ supposé un nombre entier : de cette équation on tirera $v = 9\,u + 2$. Comme x que l'on cherche doit être le plus petit nombre entier possible, il n'y a qu'à faire $u = 1$, ce qui rend $v = 11$: substituant cette valeur de v dans l'équation $y = \frac{19\,v - 2}{9}$, on trouve $y = 23$. Pour déterminer x, il n'y a plus qu'à mettre la valeur qu'on vient de trouver pour y dans l'équation $x = 28\,y + 26$: 670 que l'on obtient pour la valeur de x, est donc le moindre nombre entier qui, divisé par 28 et par 19, puisse laisser 26 et 5 pour restes.

Il ne s'agit actuellement, comme on vient de le dire, que de combiner ce nombre, par voie d'addition, avec un certain multiple du produit de 28 par 19, qui soit le plus petit possible, et qui puisse faire remplir la troisième condition, sans déroger aux deux autres : soit $28 \times 19 \times z$ ou $532\,z$, ce moindre multiple, il faut donc que x ou $532\,z + 670$ divisé par 15, laisse 12 pour reste. Soit y'' le quotient : cette supposition donne l'équation $532\,z + 670 = 15\,y'' + 12$, ou $y'' = \frac{532\,z + 658}{15}$. Faisant la division autant qu'il est possible ; cette équation se change en cette autre : $y'' = 35\,z + 43 + \frac{7\,z + 13}{15}$. $\frac{7\,z + 13}{15}$ devant être un nombre entier positif ; soit v' ce nombre entier : on aura $\frac{7\,z + 13}{15} = v'$ ou $z = \frac{15\,v' - 13}{7}$: divisant autant que faire se peut : cette équation devient $z = 2\,v' - 1 + \frac{v' - 6}{7}$; z devant être un nombre entier ; soit fait $\frac{v' - 6}{7} = u'$ supposé un nombre entier ; on en déduira $v' = 7\,u' + 6$. Maintenant, puisque z doit être un nombre entier positif, le plus petit possible, pour que $532\,z$ soit le moindre multiple du produit de 28 par 19, il faut faire $u' = o$, ce qui rend $v' = 6$. Substituant cette valeur de v' dans l'équation $z = \frac{15\,v' - 13}{7}$; elle fait trouver $z = 11$. Mettant pour z sa valeur dans celle de $x = 532\,z + 670$, on trouve enfin que le nombre x qui doit remplir les trois conditions ci-dessus, ou que l'année de la *période julienne*, à laquelle se rapportent *les dates* 26, 5 et 12 des trois *cycles solaire*, *lunaire* et *d'indiction*, est l'année 6522ᵉ.

Application de la Période Julienne *à la vérification de la date d'un fait historique.*

Je suppose que dans vingt siècles, ou dans le courant de la 544e. année de la seconde révolution de la *période julienne*, un lecteur lise un événement mémorable de nos jours (ceci a été écrit en 1811) rapporté dans une histoire composée dans deux siècles d'ici, et de la manière suivante : « Ce fut le mardi 14 Juin 1809 (29 prai- » rial an 10), la 17e. année du *cycle solaire*, la » 15e. du *cycle lunaire*, et la 3e. du cycle de l'*in-* » *diction romaine*, que fut gagnée en *Italie* la » célèbre bataille de *Maringo*, par l'*armée fran-* » *çaise*, aux ordres de *Napoléon-le-Grand*. » Si le lecteur en question vouloit vérifier la date de cet événement, il pourroit raisonner ainsi : Puisque le fait est supposé arrivé en 1809, il faut que 1809 augmenté successivement de 9, de 1 et de 3 unités (*Voyez* ce qui a été dit précédemment pour trouver les *dates des cycles solaire*, *lunaire* et d'*indiction*) et divisé par 28, 19 et 15, laisse 17, 15 et 3 pour restes correspondants ; mais faisant l'opération, il trouveroit au contraire, que cette année, ainsi augmentée et divisée, laisse pour restes 26, 5 et

12, d'où il concluroit que l'historien a commis quelque erreur de temps ; pour la rectifier, il n'auroit qu'à recourir à la méthode de la IIIe. question : cette méthode lui feroit connoître que la combinaison des nombre 17, 15 et 3 caractérise l'année 6513 de la *période julienne*, et par celle de la Ire. question, il apprendroit que cette année de la *période* correspond à l'année 1800 (*m*) de l'*ère chrétienne*. S'il vouloit aussi vérifier et le jour de la semaine, correspondant au 14 Juin de cette année, et la date républicaine 29 prairial an 10 ; il y parviendroit, pour le jour de la semaine, à l'aide de la *lettre dominicale* pour 1800 (cette lettre est la lettre *e*) et de la *lettre fériale* ; et pour la date républicaine, par le moyen de la règle que l'on trouvera ci-après, page 78 et suivantes, et découvriroit trois autres erreurs commises par

---

(*m*) *Voyez*, relativement à la date de la bataille célèbre dont il est ici question, la continuation, par M. *Delisle-de-Salle*, Membre de l'*Institut impérial*, des *Éléments de l'Histoire de France, depuis Clovis jusqu'à Louis XV*, par M. l'Abbé *Millot*. Dans d'autres exemples semblables à celui-ci, si l'année calculée de la *période julienne*, étoit censée appartenir à d'autres révolutions que la première de cette *période*, pour trouver l'année correspondante de l'*ère chrétienne*, il faudroit avoir égard à ce qui a été dit dans la note (*h*) de la page 41.

3...

l'historien : la première, en prenant un mardi pour un samedi ; la seconde, le 29 prairial pour le 25 de ce mois ; et la troisième, l'an 10 pour l'an 8.

REMARQUE sur la IIIe. Question.

LES personnes un peu versées dans le calcul, mais totalement étrangères aux procédés algébriques, peuvent, pour résoudre la IIIe. question, recourir au Traité connu sous le nom de : *Science des Calculs*, par *Gallimard* ; elles y trouveront une méthode numérique qui, quoiqu'elle repose sur des tâtonnements, leur fournira le moyen de satisfaire leur curiosité.

Usage de cette Période *pour reconnoître les années* bissextiles *de l'*ère chrétienne.

ON a déjà indiqué (11) le moyen de reconnoître les années *bissextiles* de l'*ère chrétienne*, indépendamment de celui que fournit ce qui a été dit sur le *cycle solaire* : on a vu que si l'année de l'*ère chrétienne* se divisoit exactement par 4, c'étoit une preuve que cette année étoit *bissextile* : s'il restoit 1, ce reste exprimeroit que cette année est la première après la *bissextile* ; 2, qu'elle est la seconde ; 3, qu'elle est la troisième après la *bissextile*. On peut encore s'aider, dans cette recherche, de l'année correspondante de la *période julienne*, sauf les modifications ci-après : Lorsqu'on aura divisé par 4 cette année de la *période* ; s'il ne reste rien, c'est un indice que l'année correspondante de l'*ère chrétienne*, est la troisième après la *bissextile* ; s'il reste 1, cette année est *bissextile* ; 2, elle est la première ; et 3, la seconde après la *bissextile*. Ce que l'on dit ici de l'année correspondante de l'*ère chrétienne*, peut s'appliquer à l'année elle-même de la période : cette année est réputée *bissextile*, et occuper de tels rangs après la *bissextile*, dans les mêmes cas.

Réflexion sur un autre principal usage de la Période julienne.

Les bornes que je me suis prescrites ne me permettent pas d'en dire davantage sur cette période ; ce que je crois cependant pouvoir encore ajouter, c'est que, par le secours de la *période julienne*, on peut réunir en une forme d'année toutes les diverses sortes d'années qui ont été ou sont encore en usage chez les différents peuples, puisque le commencement et la fin de ces courtes *périodes de durée* se sont toujours rattachés et se rattacheront toujours à quelques points assignables de sa vaste étendue. En un mot, on peut regarder la *période julienne* comme l'immense dépôt de tous les temps qui se sont écoulés depuis la création de l'Univers, et qui s'écouleront jusqu'à la fin des siècles.

Du Cycle Chinois.

« C'est une période de soixante années, dont » l'usage a du rapport à celui des *olympiades*, des » *indictions*, du *cycle solaire*, du *cycle lunaire* ou » du *nombre d'or*. Ce *cycle* est composé de dix » lettres répétées et de douze caractères *chinois*, » qui signifient les heures. Chaque année est » marquée par une lettre et par un chiffre, con- » tinuant jusqu'à ce que l'on revienne à une » année qui ait la première lettre et le premier » chiffre ; ce qui se fait après soixante ans. Le » *cycle chinois* a des règles très-certaines pour la » *chronologie* ; car, marquant le nombre du *cycle* » avec la lettre et le chiffre de l'année, on donne » une connoissance infaillible du temps auquel » une chose s'est faite. Par exemple, en disant » I. *cycle* k. 2., nous marquons l'an 50 du pre- » mier *cycle*, lequel commence l'an 2697 avant » la naissance de *Jésus-Christ*. Ainsi, l'an 50 de

» ce *cycle* est l'an 2648 avant le *Messie*, ce que
» l'on connoît en ôtant 49 de 2697. Le *P. Martini*
» a écrit que ce *cycle* fut inventé par *Hoamti*,
» qui régnoit dans la Chine 2697 ans avant *Jésus-*
» *Christ*; mais le *P. Couplet* dit qu'il le perfec-
» tionna, ce qui le suppose plus ancien. Ni l'un
» ni l'autre n'a prévu les difficultés qu'on pouvoit
» faire là-dessus. Il est nécessaire, si on les croit,
» de suivre la *Chronologie des Septante*, et de re-
» jeter celle du *texte Hébreu* et de la *Vulgate*.
» D'ailleurs, comment ont-ils pu croire qu'un
» *cycle* si composé ait été perfectionné en si peu
» de temps, sur-tout après avoir dit que ce fut
» sous ce même règne que l'arithmétique fut
» inventée? Les histoires *chinoises* d'où ils ont pris
» ce qu'ils disent, devoient leur être suspectes.
» N'avoient-ils pas remarqué qu'elles attribuent
» aux premiers *Empereurs de la Chine* plusieurs
» inventions que l'*Écriture sainte* attribue à
» d'autres? Si ces histoires leur ont paru fabu-
» leuses dans tous les temps qui ont précédé le
» règne de *Hoamti*, quelles preuves ont-ils eues
» qu'elles étoient plus véritables depuis? S'ils
» emploient, pour preuve, la suite réglée de ces
» *cycles*, on leur objecte qu'elle n'est réglée que
» depuis quelque temps, et par les *Européens*.
» Les premiers voyageurs qui sont entrés dans la
» *Chine* les deux derniers siècles (ceci a été écrit

dans le courant du 18e.) » trouvèrent que les » *Chinois* comptoient 880063 ans depuis le com- » mencement du monde jusqu'en 1594, ce qu'ils » ne faisoient qu'après avoir déjà diminué beau- » coup du prodigieux nombre d'années qu'ils » comptoient au temps d'*Ulugbeg*, et qui, en » 1444 de *Jésus-Christ* montoient à 88639860 ans. » On ajoute à cela qu'il faut, en suivant même » les histoires *chinoises*, que ce *cycle* ait été bien » imparfait pendant plusieurs siècles; puisqu'elles » reconnoissent que 500 ans après *Hoamti*, les » *Astronomes chinois* ne purent prédire une éclipse » qui arriva sous l'*empereur Chou-Kang* qui, pour » cela, les fit mourir. * »

Des Périodes Judaïques.

Les *Juifs* avoient deux *périodes* remarquables; l'une de sept années dont la dernière, pendant laquelle on laissoit reposer les terres, se nommoit *année sabbathique*; l'autre appelée *le Jubilé*, de 50 années dont la 50e. (*n*) étoit nommée l'*année*

---

* Sabbathier. *Dictionnaire pour l'intelligence des Auteurs classiques grecs et latins.*

(*n*) Cette expression est impropre, mais consacrée par l'*Écriture sainte* et les *SS. Pères*; car l'*année jubiléenne* étoit une

jubiléenne : dans l'*année jubiléenne*, non seulement on devoit laisser reposer les terres, mais encore remettre toutes les dettes et affranchir les esclaves.

La première *année sabbathique* commença en automne, le 10 du mois de *Thisri*, l'an 2525 du monde, la 3255e. année de la *période juliènne*, et la 1459e. *avant Jésus-Christ*.

La première *année jubiléenne* commença pareillement en automne, l'an 2567 du monde, la 3297e. année de la *période julienne*, et la 1417e. *avant le Messie*.

Des Époques.

Les *époques* en général sont *certaines parties de la durée, coïncidentes avec quelques événements remarquables*, d'où l'on commence à compter le temps, et sur la fixation desquelles presque tous les *Chronologistes* sont demeurés d'accord; telles

---

7e. *sabbathique*, et, par conséquent, au lieu de la 50e. année, tomboit la 49e.; cela vient de ce que l'on fait entrer en compte l'*année jubiléenne* et *sabbathique* par où se termine la révolution précédente de cette *période* : comme l'on met huit jours dans la semaine, au lieu de sept, lorsque le compte des jours commence et finit par un *dimanche*.

que la première *Olympiade d'Iphitus* (*o*), *la Fondation de Rome, le Règne de Nabonassar* (*p*), *le Déluge de Noé, la Captivité des Juifs, la Naissance et la Passion de Jésus-Christ, la Ruine de Troye, la Mort d'Alexandre*, etc. (*Voyez* la Table, pag. 96 et suiv.)

Remarque. Il suit de ce que l'on dit dans la note (*o*) que, si, connoissant quelques années de *Rome*, on demandoit l'année correspondante d'*Iphitus*, il ne faudroit qu'ajouter 23 ans aux premières ; la somme exprimeroit l'année correspondante cherchée. Si, au lieu des années de *Rome*, c'étoient les années de quelque *olympiade*, qui fussent données ; on quadrupleroit le nombre des *olympiades* précédent celle dont il s'agit, et au produit on ajouteroit les années données de cette *olympiade* ; la somme seroit l'année correspondante d'*Iphitus*.

(*o*) *Iphitus*, selon le *Dictionnaire des Hommes célèbres*, étoit fils de *Praxonides* et *roi d'Élide*, dans le *Péloponèse*, contemporain du législateur *Lycurgue*. Il rétablit les *jeux olympiques* 442 ans après leur institution par *Hercule*, 22 ans *avant la fondation de Rome*, et 776 ans *avant l'ère chrétienne*.

(*p*) *Nabonassar*, selon le même *Dictionnaire*, étoit *roi des Chaldéens* ou *Babyloniens*. On croit qu'il est le même que *Belesis* ou *Baladan*, dont il est fait mention dans l'*Écriture sainte*, et qui fut père de *Mérodac*, lequel envoya des ambassadeurs au roi *Ézéchias* ; mais cela n'est qu'une conjecture. *Nabonassar* commença à régner l'an 747 avant l'*ère chrétienne*.

Des Ères.

On appelle *ère une série* ou *suite d'années comptées d'une certaine époque*, telle que l'*ère du monde*, ou la suite des années écoulées depuis *la création*; *l'ère chrétienne*, ou la suite des années écoulées depuis *le midi* (*) *du premier Janvier de la première année qui commença après la Naissance de Jésus-Christ*. (Delahire, *Tabulæ astronomicæ*, *usus Tabularum*, page 4.); l'*Hégire* (*q*), ou *la suite*

(*) Le temps est ici compté *astronomiquement*. (*Voyez* la note (*v*), pag. 89)

(*q*) L'*Hégire* ou *ère Mahométane*, selon le *P. Labbe* (*Introduction à la Chronologie*), et selon M. l'Abbé *Mignot* (*Histoire de l'Empire Ottoman, depuis son origine jusqu'à la paix de Belgrade*, en 1740), commence au vendredi 16 Juillet 622 : c'est ce qu'affirme également d'*Herbelot*, dans sa *Bibliothèque orientale*, en disant que l'*ère Mahométane* commence la sixième *férie* (note (*d*), pag. 35), qui correspond au 16 Juillet, premier jour de la lune de *Moharam*, prenant le commencement de cette lune, depuis le soleil couché du même jour de l'an 622 de *Jésus-Christ*. On a déjà dit ([illegible]) que les douze mois de l'année des *Turcs* étoient purement lunaires, alternativement de 30 et de 29 jours; ainsi, il n'est pas possible d'assigner un rapport *constant* entre ces mois et les nôtres qui ne sont pas non plus d'égale longueur; cependant, comme la différence (**) entre douze lunaisons (9 [illegible] 24) et les

---

(**) Cette différence est de 10 j. 8751044.

des années écoulées depuis l'instant de la fuite de Mahomet de la Mecque à Médine; etc.

Le nom d'*ère* dérive de *æra*, dont les lettres sont les initiales des quatre mots : *annus erat regnantis Augusti*, formule usitée chez les *Romains* qui comptèrent leurs années du règne d'*Auguste* (*).

Des Événements datés des années écoulées depuis certaines époques.

Il y a des faits historiques datés des années écoulées depuis différentes *époques*; pour pouvoir ramener leurs dates à d'autres dates correspondantes, le moyen qui paroît le plus simple consiste à ramener d'abord ces dates aux années correspondantes, soit antérieures, soit postérieures à la

---

douze mois de l'année solaire, est à-peu-près la même que celle qui existe entre leur année et notre année solaire *commune*, on peut au moins, sauf les modifications dont on parlera plus bas, on peut, dis-je, dans les *comparaisons d'année à année*, s'aider des rapports que voici : L'année lunaire composée de douze *mois synodiques* (note (*), pag. 24) vaut, à très-peu près les 0.970225 de l'année solaire (9), et l'année solaire 1.03069 d'année lunaire.

(*) *Voyez*, relativement à cette étymologie du mot *ère*, l'Ouvrage intitulé : *Institutio Mathematicæ, P. Petri Galtruchii, aurelianensis*, tom. 2, pag. 187 et suiv.

Naissance

Naissance de Jésus-Christ (supposé qu'il soit question de toute autre *époque* que celle de cette naissance) : ce que l'on peut aisément pratiquer par la règle suivante, qui, à mon avis, sert de fondement à toutes les règles particulières, et assez difficiles à retenir, que prescrivent les *Chronologistes*.

Règle applicable à la Comparaison des Dates.

Il peut se faire que les choses qui entrent dans l'énoncé des questions relatives aux dates des événements, doivent être combinées, ou deux à deux, ou trois à trois, ou quatre à quatre, etc. : on pourra toujours, en se conformant, pour plus de simplicité, à ce qui vient d'être dit, déterminer les autres dates correspondantes dont on auroit besoin, à l'aide de *quatre termes, dont trois seroient connus, pris dans deux progressions arithmétiques qui se correspondroient terme à terme, dont la raison seroit l'unité, et qu'on est maître de regarder toutes deux comme croissantes, en comptant leurs termes dans le même sens*, et affectant du signe — (ce signe se prononce *moins*, et sert à indiquer que la quantité qu'il précède doit être retranchée de celle avec laquelle elle doit se combiner par voie d'addition (*), ou lui être ajoutée dans le cas de soustraction), et affectant, dis-je, de ce signe

---

(*) On suppose ici tacitement que les deux quantités à combiner par voie d'addition, sont précédées de différents signes, que l'une est *positive* ou censée précédée de ce signe + qu'on prononce *plus* (je dis *censée précédée*, parce que, dans ces sortes de questions, il n'est pas nécessaire de placer ce signe devant les quantités *positives*) et l'autre *négative* ou précédée du signe — ; car, dans le cas où elles seroient toutes deux *négatives*, il faudroit les ajouter, en affectant leur somme du signe —.

Si l'une d'elles étant *positive*, est plus grande que la *négative*, on retranchera celle-ci de la première, et le reste sera *positif*.

Si, au contraire, la *négative* est plus grande que la *positive*, on ôtera la *positive* de la *négative*, en donnant au reste le signe *négatif*.

Qùant à la combinaison par voie de soustraction, voici la règle que l'on doit suivre : Il faut changer le signe de la quantité à soustraire, de *plus* en *moins* et de *moins* en *plus* t dans cet état écrire cette quantité à la suite de celle dont on doit la soustraire, et examiner si elles sont de mêmes ou de différents signes. Si elles sont de mêmes signes, il faut les ajouter et affecter leur somme du signe commun ; et si elles sont de signes différents, on ôtera la plus petite de la plus grande, et l'on donnera au reste le signe de la plus grande.

(*Voyez* les *Traités d'Algèbre*, relativement à la combinaison par voie d'addition et de soustraction, des quantités affectées de mêmes ou de différents signes.

les années qui précèdent la Naissance de Jésus-Christ; ou *toute autre époque à laquelle on rapporte ces années*.

Dans la recherche actuelle, la question pouvant toujours être ramenée à demander, soit *le premier*, soit le *dernier terme*, ou *le nombre des termes d'une progression arithmétique dans laquelle deux de ces trois choses et la raison sont connues*, elle ne peut présenter de difficultés à ceux qui savent que dans toute *progression arithmétique croissante* (car c'est ainsi que nous conseillons de les considérer toujours), *le premier terme est égal à la différence entre le dernier et le produit de la raison multiplié par le nombre des termes, diminué d'une unité; le dernier terme : à la somme du premier et du produit de la raison par le nombre des termes, diminué d'une unité; le nombre des termes : au quotient augmenté d'une unité, de la division de la différence du dernier terme au premier, par la raison de la progression.* On en va donner un exemple qui fera voir de quelle manière on pourroit s'y prendre dans tout autre cas *où l'on connoîtroit déjà la correspondance de quelques années écoulées avant ou depuis l'époque dont il s'agit, avec celles de l'ère chrétienne ou antérieures à la naissance de Jésus-Christ*, ou du moins *avec d'autres dont la correspondance avec l'une de ces années seroit connue*; mais on croit devoir observer, pour prévenir les erreurs auxquelles on sembleroit quelquefois être entraîné, en suivant cette règle sans choix ni distinction d'années, qu'on suppose ici toutes les dates à comparer, exprimées en années de même espèce, soit solaires, soit lunaires ; ainsi, *si parmi les trois termes connus de la progression, il se trouvoit des années solaires et lunaires, il faudroit, avant l'opération, les réduire toutes à l'espèce de celles que l'on cherche pour correspondantes :* ce que l'on peut exécuter à l'aide des *rapports* que l'on a donnés page 56 : si le résultat de l'opération doit exprimer des années solaires : *on négligera la fraction décimale qui accompagne les entiers, en augmentant ces entiers d'une unité ;* et s'il doit exprimer des années lunaires, *on se contentera de négliger la fraction.* L'addition et l'omission que l'on prescrit ici proviennent de trois causes : 1°. de ce que les rapports en question, comme on l'a vu précédemment, ne sont qu'approchés ; 2°. de ce que les années lunaires dont se sont servis ou dont se servent certains peuples, ne sont pas composées de douze *mois synodiques*, comme on le suppose en usant de ces rapports ; 3°. enfin, de ce que ces années n'ayant pas de commencements fixes, il n'arrive que de loin en loin, qu'elles achèvent leur cours dans celles de nos années, où elles ont pris naissance : de cette dernière considération il suit que si l'on vouloit appliquer la règle actuelle à la recherche de la correspondance d'un certain quantième de ces années avec quelqu'un des nôtres, il faudroit recourir à des procédés analogues à celui que l'on donne ci-après pour comparer les dates du ci-devant *calendrier républicain* avec celles du *calendrier grégorien*, ayant égard aux intercalations, aux additions et aux retranchements de jours employés par les peuples qui ont fait ou font usage de l'année lunaire.

Remarque. Lorsque l'année correspondante à celle dont il est question, devra être une certaine année *avant l'ère chrétienne, il faudra avoir soin d'augmenter d'une unité l'année que fera trouver le calcul; parce que cette année est toujours l'une de celles qui ont précédé l'année de la naissance de Jésus-Christ*. Réciproquement, si l'on cherche quelque année correspondante à l'*une des années avant l'ère chrétienne, après avoir affecté cette dernière du signe dont on a parlé ci-dessus* (57 et suiv.), *il faudra la diminuer d'une unité*.

EXEMPLE.

Je suppose que l'on demande à quelle *année du monde* correspond la 39e. année de la *fondation de Rome*.

Selon la *Connoissance des Temps*, pour 1809, à cette année de l'*ère chrétienne*, correspond la

2562e. de la *fondation de Rome* : je cherche à quelle année *avant Jésus-Christ* correspond la 39e. de la *fondation* de cette ville, et j'écris pour cet effet de la manière suivante, les *quatre termes* des deux *progressions arithmétiques* qui doivent se correspondre, en désignant par *x le terme* inconnu :

39. 2562
x. 1809

Le *nombre des termes* devant être le même dans chaque progression ; dès qu'il sera connu dans l'une, il sera connu dans l'autre : je cherche donc par la règle précédente (57 et suiv.), *le nombre des termes* de la progression 39 ..... 2562, et trouve que ce nombre est 2524. Dans la progression inférieure où il y a actuellement *trois termes* connus, savoir : le *dernier*, 1809, la *raison*, 1, et le *nombre des termes*, 2524 ; il est facile de calculer le *premier* (59) : faisant l'opération, il vient — 714 pour la valeur de x ; ainsi, conformément à la remarque précédente (61), la 39e. année de la *fondation de Rome* correspond à la 715e. *avant Jésus-Christ*, ou *avant l'ère chrétienne*, car *l'intervalle entre l'instant de la naissance de Jésus-Christ et celui où commença cette ère* (55) *peut, sans erreur sensible, être regardé comme nul.*

Il n'y a plus qu'à chercher à quelle *année du monde* l'année — 714 (61) correspond. L'*année* 3984e. *du monde*, comme on l'a vu précédemment

(41 et suiv.), *concourt avec la première année de l'ère chrétienne*, j'établis en conséquence ces deux autres progressions :

— 714. 1

x . . . . 3984.

Je cherche par la règle ci-dessus (57 et suiv.) le *nombre des termes* de la première *progression* dans laquelle je considère — 714 comme le *premier*; je trouve que ce nombre est 716 : calculant ensuite le *premier terme* x de la seconde, j'apprends enfin que l'*an du monde* qui correspond à l'année 715 *avant Jésus-Christ*, ou à la 39e. année de la *fondation de Rome*, est l'*an* 3269.

Simplification de la règle applicable à la comparaison des Dates.

CETTE règle peut se simplifier ; car *les quatre termes* des deux *progressions correspondantes peuvent toujours former une proportion arithmétique dans laquelle les deux termes de la suite supérieure ou ceux de l'inférieure, seroient les deux premiers termes, et les deux termes correspondants de l'autre, les deux derniers* : or, on sait que dans toute *proportion arithmétique, la somme des extrêmes est égale à celle des moyens* : connoissant trois des quantités qui entrent dans la *proportion*, on pourra donc toujours déterminer la quatrième que l'on cherche. On va faire usage de cette simplification dans les exemples suivants :

Comparaison des Dates du ci-devant Calendrier républicain à celles du Calendrier grégorien, et réciproquement.

Remarque. Les procédés que l'on donne ici peuvent être suivis avec sûreté pour les quatorze premières années de l'*ère républicaine* et les années de l'*ère chrétienne* correspondantes : au-delà il faudroit introduire, dans les *éléments* du calcul, certaines corrections dépendantes de la détermination de l'*instant précis* de l'*équinoxe* d'automne, pour chaque année.

COMME un très-grand nombre de faits qui appartiennent à l'Histoire, sont datés des quantièmes des années de l'*ère républicaine*, et qu'on peut avoir besoin, en lisant une suite de ces faits, de comparer fréquemment les jours de l'année de l'*ère républicaine* avec ceux de l'année correspondante de l'*ère chrétienne*, ou les jours d'une année de celle-ci avec les jours de l'année correspondante de la première; pour éviter de longs tâtonnements, voici de quelle manière on peut, au défaut de calendrier, appliquer la règle précédente à cette recherche ; mais, ainsi qu'on vient de le dire, pour opérer avec plus de célérité, on fera usage de la simplification sus-mentionnée, simplification que l'on pourroit pousser plus loin encore, si l'on ne vouloit conserver quelques traces de la règle ci-dessus que l'on peut appliquer à toutes suites de quantités correspondantes, en *progression arithmétique*, et dont la *raison* seroit la même.

Pour la comparaison des dates du ci-devant *Calendrier républicain* à celles du *Calendrier grégorien* et réciproquement, il ne faut que se rappeler que la première année de l'*ère républicaine* a commencé le 22 Septembre 1792 : à l'aide de ces *deux termes de comparaison*, on peut satisfaire à toutes les questions de la nature de celles dont on donne ici des exemples. *On pourroit adopter d'autres dates correspondantes des deux Calendriers* ; mais, comme les premières sont aisées à retenir, on fera bien de s'y arrêter plus particulièrement ; c'est aussi celles dont on va faire usage.

PREMIÈRE QUESTION.

*Trouver quelle année de l'*ère chrétienne *et quel jour de cette année correspondent à une année proposée de l'*ère républicaine *et à un certain quantième de cette même année.*

EXEMPLE Ier.

SOIT proposé de trouver à quelle année de l'*ère chrétienne*, à quel mois de cette année et à quel jour de ce mois correspond le 4 *fructidor* de l'an 11 de l'*ère républicaine.*

Il est visible que, comme dans l'exemple précédent, on pourroit écrire les quatre termes des deux *progressions arithmétiques* correspondantes :

	Septembre.	
1792	22.	x
	Vendémiaire.	
an 1er.	1.	4 *fructidor* an 11.

En faisant à ces termes les changements nécessaires pour rendre l'opération possible ; changements qui reposent sur les considérations suivantes : Le 22 Septembre 1792 est la même chose que le 266me. des jours écoulés depuis et compris le 1er. Janvier de cette année (ce seroit le 265e.

si l'année n'étoit pas *bissextile*. *Voyez* la Table ci-après, 87). Le 1er. vendémiaire est le 1er. jour de la première année de l'*ère républicaine*, et le 4 *fructidor* an 11, en ayant égard aux *années sextiles*; c'est-à-dire, qui ont *six jours complémentaires*, le 3986e. des jours écoulés depuis et compris le premier jour de l'an 1er. de cette *ère*.

On peut donc aux *trois termes connus* de ces deux *progressions* substituer ces trois autres :

Jours écoulés depuis et compris le 1er. Janvier 1792.	266 j............ x	Jours écoulés depuis et compris le 1er. Janvier de cette même année, correspondants à la date 4 *fructidor* an 11.
Première année de l'*ère* républicaine.	1 j............ 3986	Jours écoulés depuis et compris le 1er. *vendémiaire* de de cette première année.

et chercher la valeur de x par ce qui a été dit ci-dessus (57 et suiv.); mais on aura plutôt fait en établissant la *proportion arithmétique* :

$$1 \,.\, 3986 : 266 \,.\, x$$
$$\text{ou } 1 \,.\, 266 : 3986 \,.\, x$$

En effet, d'après la propriété connue de toute *proportion arithmétique*, qui est, comme on l'a déjà vu, que *la somme des extrêmes est égale à celle des moyens*, il n'y a, pour déterminer *x*, qu'à ajouter les *deux moyens* 266 et 3986, et retrancher l'*extrême* 1 de la somme ; le reste est la valeur de cette inconnue. Faisant l'opération, on trouve 4251. On va montrer l'usage que l'on doit faire de ce *quatrième terme* de la proportion, après avoir détaillé le procédé que l'on doit suivre dans toutes les questions semblables.

PROCÉDÉ.

A 1792 ajoutez le nombre qui exprime l'année proposée de l'*ère républicaine ; la somme sera l'année de l'ère chrétienne, où finit l'année donnée de l'ère républicaine :* multipliez 365 par le numéro de l'année de cette *ère républicaine*, et au produit ajoutez autant d'unités qu'il y a d'années *bissextiles* depuis et compris 1792 (10 et suiv.) jusqu'à l'année trouvée par l'addition de 1792 à l'année proposée de l'*ère républicaine exclusivement :* ce produit ainsi augmenté *exprimera le nombre des jours écoulés depuis le 1er. Janvier 1792 inclusivement, jusqu'au 31 Décembre aussi inclusivement de l'année qui précède immédiatement celle où finit l'année proposée de l'ère républicaine*. Mettez ce produit à part. Multipliez ensuite 365 par le numéro de l'année de l'*ère républicaine*, diminué d'une unité ; au produit ajoutez autant d'unités qu'il y a d'années *sextiles* (note (*r*) ci-contre) depuis la première année républicaine jusqu'à celle proposée *exclusivement* : la somme exprimera le nombre des jours écoulés depuis et compris le 1er. *vendémiaire* de la première année de l'*ère républicaine* jusqu'au dernier jour *inclusivement* de celle qui précède immédiatement l'année républicaine dont il s'agit ; à cette somme ajoutez le nombre des jours (r) écoulés depuis le 1er. *vendémiaire* de cette dernière année *inclusivement* jusqu'au quantième proposé y compris ; et cette autre somme exprimera la totalité des jours écoulés depuis et compris le 1er. *vendémiaire* de la première année républicaine, jusqu'au quantième dont il s'agit *inclusivement* : cela posé, établissez la *proportion arithmétique* : 1 . 266 comme le nombre de jours contenus dans cette somme, est à un 4e. *terme* ; ce 4e. *terme* sera le nombre des jours écoulés depuis le 1er. Janvier 1792 *inclusivement* jusqu'à celui, aussi *inclusivement*, qui correspond à la date républicaine proposée. Examinez si ce 4e. terme est plus ou moins grand que le produit résultant de la multiplication de 365 par le numéro de l'année

---

(r) On sait que les mois de l'année républicaine étoient de 30 jours, et que pour faire accorder cette année avec l'année de l'*ère chrétienne*, on lui ajoutoit tantôt 5 et tantôt 6 jours *complémentaires*. Des 14 années de l'*ère républicaine*, dont il est ici question, celles qui ont eu 6 jours *complémentaires*, ou que l'on avoit nommées *sextiles*, sont les années 3, 7 et 11.

républicaine, et augmenté de la quantité dont il a été fait mention ci-dessus. *S'il est plus grand : le jour du mois de l'année de l'ère chrétienne, correspondant à la date républicaine donnée, sera l'un des jours des mois de l'année de cette ère, où finit l'année proposée de l'ère républicaine;* et s'il est moindre que ce produit, augmenté comme il a été dit ci-devant; *le jour du mois de l'année de l'ère chrétienne, correspondant à la date en question, sera l'un des jours des mois de l'année de l'ère chrétienne, où cette année républicaine a pris naissance.* Dans l'un ou l'autre cas, retranchez le plus petit de ces deux nombres du plus grand, et divisez le reste par 30 : le quotient, n'ayant aucun égard au reste de la division, exprimera *si le 4e. terme de la proportion ci-dessus est plus grand que le nombre en question;* exprimera, dis-je, *le nombre des mois complets* (comptés de Janvier inclusivement) *de l'année de l'ère chrétienne, où finit l'année proposée de l'ère républicaine, écoulés jusqu'à celui exclusivement dont un des quantièmes correspond à la date républicaine proposée* : à l'aide de la table ci-après, faites une somme des jours de ces mois, n'oubliant pas d'augmenter Février d'un jour dans le cas où cette année de l'*ère chrétienne* seroit *bissextile* (10), et que Février dût entrer dans cette somme; et retranchez cette même somme du nombre que vous aviez à diviser par 30 : *le reste sera le quantième correspondant cherché*; si ce reste est o, le quantième correspondant sera le dernier jour du dernier des mois (comptés de Janvier) exprimés par le quotient de la division par 30. Si le nombre à diviser par 30 étoit moindre que 30, ce nombre lui-même exprimeroit le *quantième correspondant* de Janvier; et s'il étoit o, ou, en d'autres termes, si le quatrième terme de la proportion et le produit déjà mentionné et augmenté comme il a été dit, étoient égaux : le quantième correspondant à la date républicaine proposée, seroit le 31 Décembre de l'année de l'*ère* chrétienne, où cette année républicaine a pris naissance.

Si le 4e. *terme* de la proportion est au contraire moindre que le produit de 365 par le numéro de l'année de l'*ère républicaine*, augmenté d'un nombre d'unités égal à celui des *bissextiles* qu'il y a depuis et compris 1792 jusqu'à l'année marquée par la somme de 1792 et du numéro de l'année républicaine proposée *exclusivement*; *le quotient en nombre entier* (s) *de la division par 30*,

(s) Si le nombre à diviser par 30 étoit un certain multiple de 30; pour éviter toutes difficultés, il faudroit ôter une unité du quotient supposé plus grand que 1, et du reste opérer comme il vient d'être dit; cette diminution est permise : car ici la division par 30 n'a d'autre objet que de faire connoître, par

exprimera le nombre des mois complets comptés, en rétrogradant, du mois de Décembre de l'année de l'ère chrétienne, où l'année proposée de l'ère républicaine a pris naissance, jusqu'à celui exclusivement dont un des quantièmes correspond à la date républicaine dont il s'agit : retranchant le nombre des jours de ces mois du nombre que vous aviez à diviser par 30, et le reste qui en proviendra, du nombre des jours du mois dont un des quantièmes correspond à la date républicaine proposée, le *nouveau reste que vous obtiendrez sera le quantième correspondant cherché.* Si le nombre à diviser par 30 étoit moindre que 30, ou seulement égal à 30, on le retrancheroit de 31, nombre des jours de Décembre de l'année de l'*ère chrétienne*, où l'année républicaine a pris naissance, et *le reste seroit le quantième de ce mois, correspondant à la date républicaine proposée.*

Après l'exposition de ce procédé, dont une

---

approximation, le nombre des mois complets de l'année de l'*ère chrétienne*, contenus dans le nombre à diviser par 30. Si ce nombre ne différoit, par excès, d'un multiple de 30 que d'une ou de deux unités, tels que sont les nombre 31, 61, 91, 92 : les dates correspondantes du *Calendrier grégorien* seroient ou le 30 *Novembre*, ou le 31 *Octobre*, ou le 1er. de ce mois, ou le 30 *Septembre* de l'année de l'*ère chrétienne* où l'année républicaine proposée a pris naissance.

plus

plus ample explication nous meneroit trop loin, revenons à la résolution de la question que nous avons posée ci-dessus :

L'année républicaine proposée est la 11e. : ajoutant 11 à 1792, la somme est 1803 ; ainsi, conformément à ce qui vient d'être dit, l'an 11 a fini dans cette année de l'*ère chrétienne*, et, par conséquent, a dû commencer en Septembre 1802 : de 1792 *inclusivement* à 1802 aussi *inclusivement*, il y a deux années *bissextiles* qui sont 1792 et 1796 ; je dois donc ajouter 2 au produit 4015 de 365 par 11 ; ce qui forme un total de 4017 jours écoulés depuis et compris le 1er. *Janvier* 1792 jusqu'au 31 *Décembre inclusivement* de l'année 1802. De l'année 1re. à l'année 10e. *inclusivement* de l'*ère républicaine*, il y a deux années *sextiles* (note *r*, 69) qui sont l'an 3 et l'an 7 : en conséquence, j'ajoute 2 unités au produit 3650 de 365 par 10 ; j'y ajoute également 334 qui exprime le nombre des jours écoulés depuis et compris le 1er. *vendémiaire* an 11 jusqu'au 4 *fructidor* de cette année, *inclusivement* : la somme totale est 3986 ; je mets cette somme au 3e. *terme* de la *proportion arithmétique* suivante :

$$1 . 266 : 3986 . x$$

Faisant l'opération, je trouve, ainsi qu'on l'a déjà vu (68), 4251 pour la valeur de x. Ce nombre est plus grand que 4017 ; ainsi, le jour de l'année de l'*ère chrétienne*, correspondant au 4 *fructidor* an 11, doit être un des jours de l'année 1803 où l'an 11 finit. La différence de 4251 à 4017 est 234 : je divise 234 par 30 ; je trouve pour quotient 7 avec un reste que je néglige ; ce quotient exprime le nombre des mois complets écoulés depuis *Janvier* 1803 *inclusivement* jusqu'à celui, *exclusivement*, dont un des quantièmes correspond au 4 *fructidor* an 11. Ces mois, dans cet exemple, sont ceux de *Janvier*, *Février*, *Mars*, *Avril*, *Mai*, *Juin* et *Juillet* ; additionnant les jours de ces mois, à l'aide de la table ci-dessous, je trouve que leur somme monte à 212 (elle s'éleveroit à 213, si l'année 1803 étoit bissextile). Pour connoître le quantième cherché, je n'ai plus qu'à retrancher cette somme de 234 : le reste de la soustration, qui appartient nécessairement au mois qui suit immédiatement *Juillet*, m'apprend que *le 22 Août 1803 est le jour correspondant au 4 fructidor an 11.*

Exemple II.

On demande à quelle année de l'*ère chrétienne*, à quel mois de cette année, et à quel jour de ce mois corespond le 1er. *vendémiaire* an 12.

A 1792 j'ajoute 12 : la somme est 1804 ; ainsi, l'an 12 a pris fin en 1804 et commencé en 1803. Le nombre des années *bissextiles* depuis et compris 1792 jusqu'à 1803 *inclusivement* est 2 : j'ajoute en conséquence 2 unités au produit de 365 par 12 ;

ce qui forme un total de 4382 jours écoulés depuis et compris le 1er. *Janvier* 1792 jusqu'au 31 *Décembre* 1803 *inclusivement*. Le nombre des années *sextiles* de l'*ère républicaine*, depuis l'année 1re. jusqu'à la 11e. *inclusivement* de cette *ère*, est 3 (note *r*, 69) : j'ajoute donc 3 unités au produit 4015 de 365 par 11 ; à cette somme j'ajoute 1, nombre des jours écoulés de l'an 12 : la somme totale est 4019.

Je fais ensuite la *proportion arithmétique* :

$$1 \,.\, 266 : 4019 \,.\, x$$

Le 4e. *terme* de cette *proportion* est 4284 moindre que 4382 trouvé ci-dessus ; d'où je conclus que le jour de l'année de l'*ère chrétienne*, correspondant au 1er. *vendémiaire* an 12, doit être un des jours de 1803 où l'an 12 prend naissance. La différence des nombres 4382 et 4284 est 98 : je divise 98 par 30 ; le quotient, en nombre entier, est 3, et, conformément à la règle précédente, exprime des mois complets comptés de *Décembre inclusivement* et en rétrogradant vers *Janvier* 1803 : ces mois sont ici ceux de *Décembre*, *Novembre* et *Octobre* : la somme des jours de ces mois est 92. Retranchant 92 de 98 : le reste est 6, nombre qui exprime les 6 derniers jours de *Septembre* : ôtant 6 des 30 jours de ce mois, *le reste*, 24, est le quantième cherché. Ainsi, le 1er. *vendémiaire* an 12 correspond au 24 *Septembre* 1803.

5.

Exemple III.

A quelle année de l'*ère chrétienne*, à quel mois de cette année, et à quel jour de ce mois correspond le 10 *nivose* an 9 ?

A 1792 j'ajoute 9, la somme est 1801 : l'an 9 a donc fini en 1801 et commencé en 1800. Le nombre des années *bissextiles* depuis et compris 1792 jusqu'à 1800 *inclusivement* (11) est 2 ; il faut, en conséquence, ajouter 2 unités au produit 3285 de 365 par 9, ce qui présente un total de 3287 jours écoulés depuis et compris le 1er. *Janvier* 1792 jusqu'au 31 *Décembre* 1800 *inclusivement*. Le nombre des années *sextiles* (note *r*, 69) de l'*ère républicaine* depuis l'année 1re. jusqu'à la 8e. *inclusivement* de cette *ère*, est 2 : j'ajoute donc 2 au produit 2920 de 365 par 8 ; à la somme j'ajoute encore 100, nombre des jours écoulés depuis et compris le 1er. *vendémiaire* an 9 jusqu'au quantième proposé *inclusivement* ; cela forme un total de 3022.

J'établis ensuite la *proportion arithmétique :*

$$1 . 266 : 3022 . x$$

Le 4e. *terme* de cette proportion est 3287, nombre égal au produit ci-dessus de 365 par 9, augmenté de 2 ; d'où je conclus, d'après ce qui a été dit (71), que le 10 *nivôse* an 9 correspond au 31 *Décembre* 1800.

EXEMPLE IV.

Soit proposé de trouver à quelle année de l'*ère chrétienne*, à quel mois de cette année, et à quel jour de ce mois correspond le 9 *vendémiaire* an 11.

Par l'addition de 11 à 1792, on voit que cette année de l'*ère républicaine* commença en 1802 et finit en 1803. Le nombre des années *bissextiles*, depuis et compris 1792 jusqu'à 1802 *inclusivement*, est 2 ; ainsi, j'ajoute 2 unités au produit 4015 de 365 par 11 ; la somme est 4017. Le nombre des années *sextiles* (note *r*, 69) de l'*ère républicaine*, depuis l'an 1er. jusqu'à l'an 10 *inclusivement*, est aussi 2 : j'ajoute donc 2 unités au produit 3650 de 365 par 10 ; cette somme jointe aux neuf jours écoulés depuis et compris le 1er. *vendémiaire* an 11, forme un total de 3661.

Je fais la *proportion aritmétique* :

$$1 \;.\; 266 : 3661 \;.\; x$$

et trouve, pour 4e. *terme*, 3926 moindre que 4017 ; d'où il suit, d'après la règle précédente, que le jour de l'année de l'*ère chrétienne*, correspondant à la date proposée, est un des jours des derniers mois de 1802. Pour trouver ce jour, je prends la différence de 4017 à 3926 ; elle est 91 : ainsi, conformément à la remarque (*s*) de la page 71, le 9 *vendémiaire* an 11, correspond au 1er. *Octobre* 1802.

DEUXIÈME QUESTION.

*Trouver quelle année de l'*ère républicaine, *quel mois de cette année, et quel jour de ce mois correspondent à une année proposée de l'*ère chrétienne (*t*) *et à un certain quantième de cette même année.*

PROCÉDÉ.

RETRANCHEZ 1792 de l'année proposée de l'*ère chrétienne*, multipliez 365 par la *différence* de ces deux nombres (nous soulignons le mot *différence*, parce que dans ce qui suit, nous ferons plusieurs fois usage de cette quantité) ; au produit ajoutez autant d'unités qu'il y a d'années *bissextiles* depuis et compris 1792 jusqu'à l'année proposée de l'*ère chrétienne exclusivement*; à l'aide de la table ci-après (87) ajoutez à la somme de ces deux quantités le nombre des jours écoulés depuis et compris le 1er. *Janvier* de l'année proposée de l'*ère chrétienne* jusqu'au quantième en question *inclusivement*,

(*t*) On a vu (64) qu'il n'est ici question que des années de l'*ère chrétienne*, correspondantes aux quatorze premières de l'*ère républicaine*, c'est-à-dire, des années écoulées depuis et compris le 22 *Septembre* 1792 jusqu'au 22 *Septembre* 1806 *inclusivement.*

plus 1 jour, si l'année proposée est *bissextile* (10) et que *Février* doive faire partie des mois dont vous avez sommé les jours. Faites ensuite la proportion arithmétique :

266 . 1 comme le résultat que vous venez d'obtenir est à un 4e. *terme*.

Ce 4e. terme *exprimera la totalité des jours écoulés depuis et compris le 1er. vendémiaire an 1er. jusqu'à celui inclusivement qui correspond à la date proposée.* Multipliez actuellement 365 par la *différence* ci-dessus, diminuée d'une unité, et *au produit ajoutez autant d'unités qu'il y a d'années sextiles* (note *r*, page 69), *depuis la première année de l'ère républicaine jusqu'à celle inclusivement d'un numéro égal au nombre par lequel vous venez de multiplier 365*; retranchez la somme du 4e. *terme de la proportion* : le *reste* (nous soulignons le mot *reste* par la même raison que nous avons souligné celui *différence*) *sera le nombre des jours écoulés depuis et compris le 1er. vendémiaire de l'année de l'ère républicaine, exprimée par la* différence, *jusqu'au jour inclusivement de cette année ou de l'année suivante, correspondant à la date en question*; ce qui, comme on le voit, présente deux cas :

Premier cas. Si la *différence* susdite étant le numéro d'une année républicaine *sextile* (note *r*, 69), le *reste* étoit moindre que 366 ou seulement égal à ce nombre : *le jour correspondant à la date proposée*,

5...

seroit l'un des jours de l'année de l'ère républicaine, exprimée par la différence. Il en seroit de même si, cette *différence* étant le numéro d'une année *commune*, le *reste* étoit moindre que 365 ou seulement égal à ce nombre.

Deuxième cas. Mais si ce *reste* excède ou 366 ou 365, lorsque la *différence* est le numéro soit d'une année *sextile*, soit d'une année *commune*, *le jour correspondant à la date proposée appartiendra nécessairement à l'année de l'ère républicaine, qui suit immédiatement celle marquée par la* différence.

Dans le *premier cas*, on divisera le *reste* sus-mentionné par 30 ; les entiers du quotient exprimeront le nombre des mois écoulés depuis et compris *vendémiaire* de l'année de l'*ère républicaine*, marquée par la *différence* sus-énoncée, et le reste de la division *composé des jours du mois qui suit immédiatement le dernier de ceux exprimés par le quotient et comptés de vendémiaire, sera le quantième correspondant cherché.* Si le nombre que l'on a à diviser par 30 étoit plus grand que 360, le reste de la division seroit l'un des *complémentaires* de l'année républicaine marquée par la *différence.*

Dans le *second cas*, après avoir retranché du *reste* dont il s'agit ou 366 ou 365, selon que l'année de l'*ère républicaine*, marquée par la *différence* est ou *sextile* ou *commune*, on divisisera le reste de cette soustraction par 30 (*u*) ; et *le quotient et le reste de la division feront connoître le mois et le jour correspondant de l'année de l'ère républicaine, qui suit immédiatement celle exprimée par la* différence.

Exemple Ier.

Soit proposé de trouver à quelle année de l'*ère républicaine*, à quel mois de cette année, et à quel jour de ce mois correspond le 28 *Mai* 1799.

La *différence* de 1792 à 1799 est 7, numéro d'une année républicaine *sextile* (note *r*, 69). Le nombre des années *bissextiles* de l'*ère chrétienne*, de 1792 *inclusivement* à 1798, aussi *inclusivement*, est 2 (10 et suiv.) : j'ajoute en conséquence 2 unités au produit 2555 de 365 par 7 ; à la somme 2557 j'ajoute 148, nombre des jours écoulés depuis et compris le 1er. *Janvier* de l'année *commune* 1799

(*u*) Si le reste de la soustraction étoit moindre que 30 ; ce reste composé d'un certain nombre des jours de *vendémiaire* de l'année de l'ère républicaine, qui suit immédiatement celle marquée par la *différence*, seroit le quantième correspondant cherché ; et s'il étoit égal à 30, ou un certain multiple de 30 : dans la première hypothèse, le jour *correspondant seroit le 30 vendémiaire* de cette *même année qui suit celle exprimée par la différence*, et dans la seconde, *le dernier jour du dernier des mois exprimés par les entiers du quotient, et comptés de vendémiaire.*

jusqu'au 28 *Mai* de cette année *inclusivement* : la totalité de ces trois nombres est 2705.

Je fais ensuite la *proportion arithmétique* :

266 . 1 : 2705 . x

Je trouve pour 4e. *terme* de cette proportion 2440, nombre exprimant celui des jours écoulés depuis et compris le 1er. *vendémiaire* an 1er., jusqu'au jour *inclusivement* qui correspond au 28 Mai 1799.

Je diminue d'une unité la *différence* 7 trouvée ci-dessus, et au produit 2190 de 365 par 6, j'ajoute une unité, à cause que de l'année 1re. de l'*ère républicaine* à l'année 6e. de cette *ère inclusivement*, il y a une année *sextile* (note *r*, 69) ; je retranche la somme 2191 du 4e. *terme* de la proportion, 2440 : le *reste* est 249, qui exprime le nombre des jours écoulés depuis et compris le 1er. *vendémiaire* an 7, jusqu'au jour *correspondant* au 28 *Mai* 1799. La *différence* 7 de 1792 à 1799 étant le numéro d'une année républicaine *sextile*, et le *reste* 249 moindre que 366, je vois, conformément à la règle ci-dessus, que l'année de l'*ère républicaine*, correspondante, est la 7e. de cette *ère*, ou celle marquée par la *différence* de 1792 à 1799. Je n'ai plus, pour trouver la *date* de cette année, correspondante au quantième proposé, qu'à diviser 249 par 30 : faisant l'opération, il vient 8 au quotient et 9 pour reste ; ce qui signifie que le 9e. jour du mois qui suit immédiatement le 8e. de l'an 7, ou que le 9 *prairial* de cette année, est le jour correspondant au 28 *Mai* 1799.

EXEMPLE II.

On demande à quelle année de l'*ère républicaine*, à quel mois de cette année, et à quel jour de ce mois correspond le 10 *Janvier* 1805.

La *différence* de 1792 à 1805 est 13, numéro d'une année *commune* ou de 5 jours *complémentaires* (note r, 69). Je multiplie 365 par 13, et au produit j'ajoute 3 unités, nombre égal à celui des années *bissextiles* de l'*ère chrétienne*, écoulées depuis et compris 1792 jusqu'à 1804 *inclusivement* (10 et suiv.), plus 10, nombre des jours écoulés depuis et compris le 1er. *Janvier* 1805 jusqu'au quantième proposé *inclusivement*; le total de ces trois quantités est 4758. Faisant ensuite la *proportion arithmétique* :

$$266 . 1 : 4758 . x$$

je trouve pour 4e. *terme* 4493.

Je multiplie actuellement 365 par 13, moins 1, ou par 12, et au produit 4380 j'ajoute 3 unités, nombre égal à celui des années *sextiles* de l'*ère républicaine*, écoulées depuis la 1re. jusqu'à la 12e. de cette *ère inclusivement* (note r, 69) : je retranche la somme 4383 du 4e. *terme* de la proportion 4493; le *reste* est 110, d'où il suit, d'après la règle précédente, que l'année *commune* 13 est celle dont un des jours correspond à la date proposée. Divisant 110 par 30, il vient 3 au quotient et 20 pour reste : ce qui apprend que le quantième correspondant cherché est le 20 *nivôse* an 13.

Exemple III.

Soit proposé de trouver à quelle année de l'*ère républicaine*, à quel mois de cette année, et à quel jour de ce mois correspond le 17 *Décembre* 1804.

La *différence* de 1792 à 1804 est 12, numéro d'une année républicaine de 5 jours *complémentaires* (note *r*, 69). Je multiplie 365 par 12, et au produit j'ajoute 2 unités, nombre égal à celui des années *bissextiles* de l'*ère chrétienne*, écoulées depuis et compris 1792 jusqu'à 1803 *inclusivement* (10 et suiv.) ; à la somme de ces deux quantités j'ajoute 352, nombre des jours écoulés depuis et compris le 1er. *Janvier* de l'année *bissextile* 1804, jusqu'au quantième proposé *inclusivement* ; ce qui forme un total de 4734 jours écoulés depuis et compris le 1er. *Janvier* 1792 jusqu'à ce quantième aussi compris. J'établis la *proportion arithmétique* :

$$266 . 1 : 4734 . x$$

et trouve pour 4e. *terme* 4469.

Je multiplie 365 par 11, numéro d'une année *sextile* de l'*ère républicaine* (note *r*, 69), et ajoute 3 unités au produit, à cause des 3 années *sextiles* qu'il y a de l'an 1er. à l'an 11 *inclusivement* ; je retranche la somme 4018 du 4e. *terme* de la proportion, 4469; le *reste* est 451, et exprime le nombre des jours écoulés depuis et compris le 1er. *vendémiaire* an 12 jusqu'à celui *inclusivement* qui correspond au quantième proposé : ce *reste* 451 étant plus grand que 365, nombre des jours de l'année *commune*, 12, je vois que la *date correspondante* cherchée, est nécessairement un des jours de l'an 13 : conformément à la règle, je retranche donc 365 de 451, et divise le reste, 86, par 30, il vient 2 au quotient et 26 pour reste; ce qui apprend que le jour de l'an 13, correspondant au 17 *Décembre* 1804, est le 26e. jour du 3e. mois de cette année de l'*ère républicaine*, ou le 26 *frimaire*.

Exemple IV.

On demande à quelle année de l'*ère républicaine*, à quel mois de cette année et à quel jour de ce mois, correspond le 21 *Novembre* 1804.

Retranchant 1792 de 1804, la *différence* est 12, numéro d'une année *commune* de l'*ère républicaine* (note *r*, 69). Cherchant, conformément à la règle précédente, le nombre des jours écoulés depuis et compris le 1er. *Janvier* 1792 jusqu'au 21 *Novembre* 1804 *inclusivement*, je trouve pour somme 4708, et faisant la *proportion arithmétique :*

$$266 \,.\, 1 : 4708 \,.\, x$$

le 4e. *terme* est 4443. De ce 4e. *terme* je retranche

4018, somme du produit de 365 par 11, et de 3 unités ajoutées, à cause des 3 années *sextiles* qu'il y a (note *r*, 69) de la 1re. à la 11e. année de l'*ère républicaine inclusivement :* j'obtiens pour *reste* 425, qui exprime le nombre des jours écoulés depuis et compris le 1er. *vendémiaire* an 12 jusqu'à la *date correspondante* cherchée, date qui, parce que ce *reste* est plus grand que 365, appartient nécessairement à l'an 13 de cette *ère*. J'ôte 365 de 425 ; le reste est 60, multiple de 30 : ainsi, conformément à la note (*u*) de la page 81, le quotient 2 de la division de 60 par 30, me fait connoître que le jour de l'an 13, correspondant au 21 *Novembre* 1804, est le 30 *brumaire* de cette année de l'*ère républicaine*.

*Tableau des Mois de l'année de l'*ère chrétienne *et des jours de chacun.*

	Jours.	
Janvier.	31	
Février.	28	*ou* 29, selon que l'année est ou *commune* ou *bissextile* (10 et suivantes.)
Mars.	31	
Avril.	30	
Mai.	31	
Juin.	30	
Juillet.	31	
Août.	31	
Septembre.	30	
Octobre.	31	
Novembre	30	
Décembre.	31	

*Nomenclature des Mois de l'année de l'*ère républicaine.

Vendémiaire.	Germinal.
Brumaire.	Floréal.
Frimaire.	Prairial.
Nivôse.	Messidor.
Pluviôse.	Thermidor.
Ventôse.	Fructidor.

Complémentaires. 5 *ou* 6 (note *r*, 69.)

Remarque sur le Cycle lunaire , *et méthode de trouver le jour où doit tomber* Pâques , *dans une année proposée de l'*ère chrétienne.

« L'USAGE du *cycle* de 19 ans, dans l'ancien » calendrier, dit l'Auteur du Dictionnaire déjà » cité (52), est d'apprendre, par le moyen de la » *nouvelle lune* de chaque mois, le jour où doit » par conséquent tomber *Pâques*; car la *Fête de* » *Pâques doit se célébrer le dimanche d'après la* » *pleine lune qui suit ou qui tombe sur l'équinoxe* » *du printemps*. Dans le nouveau calendrier, » l'usage du *cycle lunaire* se borne à faire trouver » les *épactes*. «

Il suit de cette remarque que pour être en état de déterminer précisément le quantième de Mars ou d'Avril d'une année proposée, où doit tomber *Pâques*, il faut, en se servant des *Tables astronomiques* dont il a été fait mention ci-dessus (28), chercher d'abord à quel jour de *Mars* arrive la *pleine lune*; si elle arrive après l'*instant* de l'*équinoxe* (12), ou coïncide avec lui : *le premier dimanche qui suivra le jour de la pleine lune, et que l'on trouvera à l'aide de la lettre dominicale et de la lettre fériale* (30 et suiv.), *sera le jour de Pâques*; mais si si cette *phase précédoit l'instant de l'équinoxe*, il faudroit chercher le jour de la *pleine lune*, en Avril, et le *premier dimanche qui le suivroit seroit la fête de Pâques*.

EXEMPLE.

Je veux savoir quel jour a dû tomber *Pâques* en 1810 : je cherche, par le moyen de *Tables astronomiques*, le jour de la *pleine lune*, *à Paris*, *en Mars* 1810, et trouve que cette *phase* a eu lieu le 20, à 14 heures et environ 41 minutes, en *temps astronomique*, ou en *temps civil* (*v*), le 21, à

(*v*) On appelle *jour civil* celui qui est le plus en usage chez un peuple, et *jour astronomique*, celui dont se servent les *Astronomes* dans leurs calculs. En *France*, on fait commencer et finir *le jour civil*, *à minuit*; en *Italie* et dans d'autres endroits, ce jour commence *au coucher* du soleil et finit au *coucher* suivant (*). Le *jour astronomique* ne commence qu'à midi ; de sorte qu'il y a toujours 12 heures du *jour civil* d'écoulées, quand les *Astronomes* commencent à compter le leur. Au reste, les heures du *jour civil* et celles du *jour astronomique* sont de longueur égale. (*Voyez* les *Traités d'Astronomie et de Navigation*.

RÈGLE pour réduire le jour civil *en* jour astronomique, *et réciproquement.*

Observation. Si le temps, soit *civil*, soit *astronomique*, ne renfermoit dans son expression que des parties du jour, comprises entre *midi* et *minuit*, il ne faudroit pas faire usage de cette règle : les douze premières heures du jour *astronomique* appartenant au même quantième que les douze dernières du *jour civil*, et ne différant d'elles que par le terme de *soir* que l'on joint à celles-ci.

Pour réduire le *jour civil* en *jour astronomique*, il ne faut que retrancher un jour du quantième donné, en ajoutant 12

(*) Les anciens *Juifs*, pour se conformer au précepte divin, faisoient commencer leurs jours de fêtes dès la veille, au *coucher* du soleil,

2 heures et environ 41 minutes du matin : cette *pleine lune* n'est point celle qui peut faire connoître le jour de *Pâques ;* car elle *précède l'instant de l'équinoxe :* pour m'assurer du retard de cet *instant*, je cherche la *déclinaison du soleil* (x), *à Paris*, pour

heures au nombre des heures du *jour civil ;* ce qui se réduit à retrancher un demi-jour ou 12 heures du *temps civil.*

Si, au contraire, on vouloit réduire le *jour astronomique* en *jour civil*, on voit qu'il n'y auroit qu'à ajouter 12 heures au *temps astronomique* proposé.

(x) La *déclinaison du soleil* ou sa distance à l'*équateur*, est l'arc de grand cercle, perpendiculaire à l'*équateur*, compris entre l'équateur et lui ; elle est ou *nord* ou *sud*. On a des *Tables de Déclinaison du Soleil*, calculées pour toutes les années de ce siècle (le 19ᵉ.), celles entre autres qui se trouvent à la suite des *Leçons de Navigation*, par M. *Dulague*, sont exactes et commodes.

On voit qu'on n'a point ici pour objet de déterminer l'*instant précis* de l'*équinoxe*, mais seulement de chercher de *quel côté* de l'*équateur* est la *déclinaison au moment de la pleine lune ;* cette connoissance étant suffisante pour juger tout de suite si cette *phase* précède ou non *celui de l'équinoxe.*

selon ces paroles du *Lévitique*, chapitre 23 : *A vesperâ usque ad vesperam celebrabitis sabbata vestra.* Quant aux autres jours, ils les comptoient depuis le *lever* du soleil ; car il n'est pas probable qu'en cela ils aient différé des *Babyloniens* et autres peuples voisins qui les comptoient ainsi ; c'est pour cette raison qu'on lit en *S. Mathieu*, chapitre 20, que *le père de famille sortit de grand matin pour appeler des ouvriers, ensuite à la 3ᵉ. heure, à la 9ᵉ.*, etc. *S. Jean* dit aussi, chapitre 19, *que Jésus fut crucifié vers la 6ᵉ. heure* qui répond à notre midi : ce qui prouve évidemment que l'on comptoit les heures depuis *le lever* du soleil ; car si on les eût comptées depuis *le coucher* de cet astre, il eût écrit que *Jésus* fut crucifié vers la 18ᵉ.

le 20 *Mars* 1810, à 14 heures, 41 minutes, et trouve qu'*elle est encore du côté du Sud, d'environ* 3

Il n'y a qu'un cas où la recherche de cet *instant* sembleroit indispensable, ce seroit celui où l'on trouveroit une *déclinaison* si petite, qu'elle pût être regardée sensiblement comme nulle ; alors on feroit bien, pour lever toutes difficultés, de chercher à déterminer cet *instant* par les moyens que l'*astronomie* enseigne. Au reste, la détermination de la *déclinaison du soleil* n'est utile que quand le *moment* de la *pleine lune* et celui de l'*équinoxe* sont, comme dans cet exemple, très-voisins l'un de l'autre.

Selon *Baronius*, les *Juifs*, vers l'an 34 de *Jésus-Christ*, partagèrent les 12 heures de leur jour *artificiel* ou *civil* et les 12 heures de la nuit de même nom, en quatre parties dont chacune contenoit trois des heures *temporaires* ou *inégales* qui composoient leur jour et leur nuit *artificielle*, c'est-à-dire, le temps durant lequel le soleil est sur l'*horison* et au-dessous de ce cercle. (Ce nom d'heures *temporaires* ou *inégales* leur fut donné à cause de l'inégalité des jours et des nuits, excepté aux équinoxes, dans le cours de l'année.) Ils appelèrent *veilles* (mot dérivé de celui *vigilex* qui signifie *sentinelle* ou *garde*), les quatre parties de la nuit : la première *veille* commençoit au *coucher* du soleil, la seconde finissoit à *minuit*; venoit ensuite la troisième, et la quatrième se terminoit au *lever* du soleil ; ainsi, les heures proprement dites étoient chacune de ces quatre parties du jour ou de la nuit, formée, comme nous venons de le voir, de trois heures *temporaires* ; de sorte que la dernière partie d'une heure de cette espèce, de la seconde, par exemple, appartenoit à la 3e. heure qui comprend la 7e., la 8e. et la 9e. *heure temporaire* : c'est pourquoi *S. Marc* dit *que Jésus fut crucifié* à la 3e. heure, c'est-à-dire, à la 3e. heure des quatre qui divisoient le jour ; tandis qu'on lit en *S. Jean* qu'il le fut vers la 6e. ou la 6e. heure *temporaire*. La différence qui paroît ici ne doit point surprendre ; elle vient de l'habitude que l'on a d'appeler la *sixième* heure, ce qui est le commencement de la *septième* ou de cette 3e. heure qui étoit une des quatre parties du jour *judaïque*.

minutes, 6 secondes de degré. Je détermine en conséquence *le moment de la pleine lune*, en *Avril*, et vois que cette *phase* a dû arriver le 19 de ce mois, à environ 3 heures 18 minutes, *temps astronomique*, ou 3 heures, 18 minutes du soir, *temps civil* : je n'ai plus qu'à chercher, à l'aide de la *lettre dominicale* qui, pour l'année 1810 est la lettre *g*, et de la *lettre fériale* qui est aussi *g* (29 et suiv.), je n'ai plus, dis-je, qu'à chercher par quel jour de la semaine a commencé le mois d'Avril de cette année : l'identité de ces lettres (36) m'apprend qu'il a dû commencer par un *dimanche*; d'où il suit que le 19 de ce mois fut un jeudi, et que le 22 étant le *dimanche* le plus proche (88) fut le jour de *Pâques*.

Le jour de *Pâques* étant trouvé, si l'on veut déterminer les jours des autres *fêtes mobiles*, on s'y prendra de la manière suivante : A compter de *Pâques exclusivement, on supputera les six dimanches qui le précèdent, et le dernier sur lequel on s'arrêtera, sera le premier dimanche de la Quadragésime*, le mercredi précédent, le *jour des Cendres.* On trouvera ensuite, en remontant, et dans l'ordre qui suit, les *dimanches* de la *Quinquagésime*, de la *Sexagésime* et de la *Septuagésime.* Si au contraire on compte les *cinq premiers dimanches qui suivent Pâques, on trouvera immédiatement après le cinquième, les Rogations*, le jeudi d'ensuite l'*Ascension*; le septième *dimanche* après *Pâques*, sera la *Pentecôte*, le *dimanche* suivant, la *Trinité*, et le *jeudi* d'ensuite la *Fête-Dieu* (cette fête, comme beaucoup d'autres, est remise au *dimanche*). Quant aux *dimanches* entre la *Pentecôte* et l'*Avent*, voici ce qu'il faut faire pour les trouver : *On supputera les quatre dimanches qui précèdent Noël, et le 4e. sera le premier de l'Avent.* Il ne restera plus qu'à noter tous les *dimanches* qui tombent entre le *premier dimanche* de l'*Avent* et celui de la *Pentecôte* : ces *dimanches* seront ceux qu'on cherche.

L'année *bissextile* ayant deux *lettres dominicales*, et *Pâques* ne devant pas tomber plutôt que le 22 *Mars*, supposé que ce jour soit un *dimanche*, ni plus tard que le 25 *Avril*; on voit, d'après ce qui a été dit sur les *lettres dominicales* (33), que pour chercher le quantième du mois où doit tomber *Pâques*, dans une année *bissextile*, il faut *recourir à la seconde lettre dominicale*. Pour trouver avec facilité les quantièmes des mois où tombent les autres *fêtes mobiles*, on fera bien d'écrire de suite tous les noms des mois, dans l'ordre accoutumé, en représentant chacun de ces mois par le nombre des jours qu'il renferme, et que comprend la suite naturelle des nombres 1, 2, 3, 4, 5, 6, etc., ayant soin de marquer ceux qui doivent être *des*

Autre Méthode pour trouver le jour de Pâques *dans une année proposée de l'*ère chrétienne.

Comme l'*Eglise*, dit le *P. Labbe*, « ne s'est pas » mise en peine de calculer exactement le point » auquel le soleil fait l'*équinoxe* dans le ciel, et » n'a pas voulu que ses *ordonnances fussent atta-* » *chées indispensablement au calcul des Astronomes* » *les plus critiques*, qu'elle a embrassé l'*équinoxe* » reçu communément par les hommes de son » temps (années 325 et 1582 de *Jésus-Christ*), » qu'en conséquence elle l'a irrévocablement fixé » au 21 Mars. »; on croit ne pas déplaire aux lecteurs en leur faisant ici connoître une méthode très-expéditive * pour trouver le jour de *Pâques* dans une année proposée de l'*ère chrétienne*.

PROCÉDÉ.

Si l'*épacte* est moindre que 23, ôtez-la de 45; et dans le cas où elle seroit plus grande que ce nombre; de 45 augmenté de 30, c'est-à-dire,

* Cette méthode se trouve dans l'*Arithmétique* de *Sylvestre*.

de 75 ; le *reste marquera le nombre de jours que Pâques doit arriver après le 1er. Mars : si ce jour n'est pas un dimanche, ce sera le dimanche suivant.* Pour le vérifier, il n'y a qu'à chercher (29 et suiv.) par quel jour de la semaine commence le mois de *Mars ;* ce jour une fois connu, il sera aisé de connoître tout le reste (35). Si le résultat de la soustraction ci-dessus surpassoit 31, ce seroit une preuve que *Pâques* tombe en *Avril :* on sauroit à quel quantième, en retranchant 31 de ce résultat. Si le quantième d'*Avril*, ainsi trouvé, est un *dimanche*, ce *dimanche* sera celui de *Pâques ;* et si c'est tout autre jour, ce sera le premier *dimanche* suivant qui sera le jour de cette fête.

TABLE

DE QUELQUES-UNES DES PRINCIPALES ÉPOQUES.

Remarque. Nous avons déjà prévenu (42) que nous adoptions l'opinion du *P. Petau*, relativement à la supputation des années du monde.

Commencement de l'*année julienne*.	L'an 709 de Rome, 3939 du monde, 4669 de la *période julienne*, 45 ans *avant* J. C.
Bataille d'*Actium*.	723 de Rome, 3953 du monde, 4683 de la *période julienne*, 31 ans *avant* J. C.
Commencement de la 1re. *guerre punique*.	490 de Rome, 3720 du monde, 4450 de la *période julienne*, 264 ans *avant* J. C.
— de la 2e. *guerre punique*.	536 de Rome, 3766 du monde, 4496 de la *période julienne*, 218 ans *avant* J. C.
— de la 3e. *guerre punique*. .	605 de Rome, 3835 du monde, 4565 de la *période julienne*, 149 ans *avant* J. C.
Commencement de la guerre contre *Jugurtha*.	643 de Rome, 3873 du monde, 4603 de la *période julienne*, 111 ans *avant* J. C.

Commencement de la guerre contre *Mithridate*.	L'an 660 de Rome, 3890 du monde, 4620 de la *période julienne*, 94 ans *avant* J. C.
Première dictature de *César*, et commencement de la guerre civile.	705 de Rome, 3935 du monde, 4665 de la *période julienne*, 49 ans *avant* J. C.
Commencement du règne de *Cyrus*.	195 de Rome, 3425 du monde, 4155 de la *période julienne*, 559 ans *avant* J. C.
Commencement du règne de *Darius*, fils d'*Hystaspes*. .	253 de Rome, 3483 du monde, 4213 de la *période julienne*, 501 ans *avant* J. C.
Journée de *Marathon*.	264 de Rome, 3494 du monde, 4224 de la *période julienne*, 490 ans *avant* J. C.
Commencement de la guerre du *Péloponèse*.	323 de Rome, 3553 du monde, 4283 de la *période julienne*, 431 ans *avant* J. C.
Mort d'*Alexandre-le-Grand*.	430 de Rome, 3660 du monde, 4390 de la *période julienne*, 324 ans *avant* J. C.
L'ère des Seleucides ou *des Contrats*.	442 de Rome, 3672 du monde, 4402 de la *période julienne*, 312 ans *avant* J. C.
Commencement du règne de *Ptolomée-Philadelphe*. . .	469 de Rome, 3699 du monde, 4429 de la *période julienne*, 285 ans *avant* J. C.
Commencement des 70 semaines (490 années solaires) prédites par le *Prophète Daniel*	300 de Rome, 3530 du monde, 4260 de la *période julienne*, 454 ans *avant* J. C.
Fin de ces 70 semaines. . .	L'an 37 de l'*ère chrétienne*.

Prise de *Constantinople* par les *Français* et les *Venitiens*.	L'an 5187 du monde, 5917 de la *période julienne*, 1204 de l'*ère chrétienne*.
Reprise de cette ville sur *Baudoüin II*.	5244 du monde, 5974 de la *période julienne*, 1261 de l'*ère chrétienne*.
Prise de *Constantinople sur les Grecs*, par *Mahomet II*.	5436 du monde, 6166 de la *période julienne*, 1453 de l'*ère chrétienne*.
Commencement de la monarchie des *Assyriens*.	1809 du monde, 2539 de la *période julienne*, 2175 ans *avant* J. C.
Commencement du royaume des *Sycioniens*.	1820 du monde, 2550 de la *période julienne*, 2164 ans *avant* J. C.
Commencement du royaume d'*Argos*.	2127 du monde, 2857 de la *période julienne*, 1857 ans *avant* J. C.
Déluge d'*Ogygès*, arrivé dans l'*Attique*, aux environs de la ville d'*Eleusis*.	2222 du monde, 2952 de la *période julienne*, 1762 ans *avant* J. C.
Naissance de *Moyse*.	2394 du monde, 3124 de la *période julienne*, 1590 ans *avant* J. C.
Commencement de la *Servitude des Hébreux*.	2381 du monde, 3111 de la *période julienne*, 1603 ans *avant* J. C.
Naissance d'*Abraham*, dans la ville d'*Ur*, en *Chaldée*. .	1969 du monde, 2699 de la *période julienne*, 2015 ans *avant* J. C.

Mort de *Noé*, fils de *Lamech*.	L'an 1936 du monde, 2666 de la *période julienne*, 2048 ans *avant* J. C.
Sacrifice d'*Abraham*.	2093 du monde, 2823 de la *période julienne*, 1891 ans *avant* J. C.
Mort d'*Isaac*.	2248 du monde, 2978 de la *période julienne*, 1736 ans *avant* J. C.
Départ de *Jacob* et de ses fils et petits-fils pour l'*Égypte*.	2259 du monde, 2989 de la *période julienne*, 1725 ans *avant* J. C.
Vente de *Joseph* à des *marchands Madianites*.	2236 du monde, 2966 de la *période julienne*, 1748 ans *avant* J. C.
Mort d'*Ésaü*.	2255 du monde, 2985 de la *période julienne*, 1729 ans *avant* J. C.
Mort du *Patriarche Job*. . .	2469 du monde, 3199 de la *période julienne*, 1515 ans *avant* J. C.
Naissance de *David*.	2880 du monde, 3610 de la *période julienne*, 1104 ans *avant* J. C.
Naissance de *Salomon*, fils de *David*.	2930 du monde, 3660 de la *période julienne*, 1054 ans *avant* J. C.
Mort d'*Athalie*, par le commandement du *grand Pontife Joiadas*.	3087 du monde, 3817 de la *période julienne*, 897 ans *avant* J. C.

Fondements du *Temple de Jérusalem*.	L'an 2953 du monde ; 3683 de la *période julienne*, 1031 ans *avant* J. C.
Déluge de *Noé*.	1586 du monde, 2316 de la *période julienne*, 2398 ans *avant* J. C.
Déluge de *Deucalion* et de *Pyrrha*, arrivé en *Thessalie*.	2470 du monde, 3200 de la *période julienne*, 1514 ans *avant* J. C.

Les *Marbres d'Arondel* avancent cette *époque* de 16 ans.

Fondation de *Troye*, par *Dardanus*.	2504 du monde, 3234 de la *période julienne*, 1480 ans *avant* J. C.
Fondation de *Thèbes*, en *Béotie*, par *Cadmus*. . . .	2550 du monde, 3280 de la *période julienne*, 1434 ans *avant* J. C.
Prise de *Troye*.	2800 du monde, 3530 de la *période julienne*, 1184 ans *avant* J. C.
Temps où l'on rapporte la naissance d'*Homère*.	2968 du monde, 3698 de la *période julienne*, 1016 ans *avant* J. C.
Commencement du royaume des *Athéniens* (*Cécrops*, 1er. roi).	2426 du monde, 3156 de la *période julienne*, 1558 ans *avant* J. C.

Selon les *Marbres d'Arondel*, *idem*.

Dévouement de *Codrus*, dernier roi d'*Athènes*.	2913 du monde, 3643 de la *période julienne*, 1071 ans *avant* J. C.

Fondation de *Carthage*, par *Didon*.	L'an 3077 du monde, 3807 de la *période julienne*, 907 ans *avant* J. C.
Commencement du royaume des *Lacédémoniens*.	2454 du monde, 3184 de la *période julienne*, 1530 ans *avant* J. C.
Commencement du royaume des *Corinthiens*.	2573 du monde, 3303 de la *période julienne*, 1411 ans *avant* J. C.
Fin du royaume des *Corinthiens* et des *Mycénéens*.	2881 du monde, 3611 de la *période julienne*, 1103 ans *avant* J. C.
Commencement du royaume des *Latins*.	2654 du monde, 3384 de la *période julienne*, 1330 ans *avant* J. C.
Commencement du règne de *Cambyse*, fils de *Cyrus*. .	225 de Rome, 4185 de la *période julienne*, 3455 du monde, 529 ans *avant* J. C.
Guerre de *Ninus*, roi des *Assyriens*, contre *Zoroastre*, roi des *Bactriens*.	1921 du monde, 2651 de la *période julienne*, 2063 ans *avant* J. C.
Commencement du règne de *Sémiramis*, épouse de *Ninus*.	1926 du monde, 2656 de la *période julienne*, 2058 ans *avant* J. C.
Commencement du royaume des *Argiens*, dans le *Péloponèse*.	2127 du monde, 2857 de la *période julienne*, 1857 ans *avant* J. C.

Institution du 1er. *Lustre* chez les *Romains*.	L'an 180 de Rome, 3410 du monde, 4140 de la *période julienne*, 574 ans *avant* J. C.

. . . .

50e. *Lustre*.	574 de Rome, 3804 du monde, 4534 de la *période julienne*, 180 ans *avant* J. C.
L'*Agon Neroneus*, ou jeux institués par l'*Empereur Néron*.	813 de Rome, 4043 du monde, 4773 de la *période julienne*, 60 de l'*ère chrétienne*.
Renouvellement de ces Jeux. .	816 de Rome, 4046 du monde, 4776 de la *période julienne*, 63 de l'*ère chrétienne*.
L'*Agon Capitolinus*, ou Jeux institués par l'*Empereur Domitien*.	839 de Rome, 4069 du monde, 4799 de la *période julienne*, 86 de l'*ère chrétienne*.
Institution des *Jeux séculaires*.	245 de Rome, 3475 du monde, 4205 de la *période julienne*, 509 ans *avant* J. C.
Assassinat de *Jules César*. . .	710 de Rome, 3940 du monde, 4670 de la *période julienne*, 44 ans *avant* J. C.
Mort d'*Auguste César*. . . .	767 de Rome, 3997 du monde, 4727 de la *période julienne*, 14 de l'*ère chrétienne*.

Commencement du règne de *Dioclétien*.	L'an 1037 de Rome, 4267 du monde, 4997 de la *période julienne*, 284 de l'*ère chrétienne*.
Prise de Rome, par *Alaric*, roi des *Goths*.	1163 de Rome, 4393 du monde, 5123 de la *période julienne*, 410 de l'*ère chrétienne*.
Fin de l'*Empire romain*, en Occident.	1229 de Rome, 4459 du monde, 5189 de la *période julienne*, 476 de l'*ère chrétienne*.
Mort de *Romulus*.	39 de Rome, 3269 du monde, 3999 de la *période julienne*, 715 ans *avant* J. C.
Le *Regi-Fuge*, ou l'expulsion de *Tarquin-le-Superbe* et de ses enfants.	245 de Rome, 3475 du monde, 4205 de la *période julienne*, 509 ans *avant* J. C.
1re. année de Rome.	3231 du monde, 3961 de la *période julienne*, 753 ans *avant* J. C.
Prise de Rome par les *Gaulois*.	364 de Rome, 3594 du monde, 4324 de la *période julienne*, 390 ans *avant* J. C.
Création des *Consuls*, à Rome.	Mêmes dates correspondantes que celles du *regi-fuge*.
Commencement de la guerre de Rome contre *Pyrrhus*. .	474 de Rome, 3704 du monde, 4434 de la *période julienne*, 280 ans *avant* J. C.

Naissance de *Romulus* et de *Rémus*.	L'an 3214 du monde ; 3944 de la *période julienne*, 770 ans *avant* J. C.
Fin du royaume des *Mèdes*. .	295 de Rome, 3525 du monde, 4255 de la *période julienne*, 459 ans *avant* J. C.
Passion de *Jésus-Christ*. . .	785 de Rome, 4015 du monde, 4745 de la *période julienne*, 32 de l'*ère chrétienne*.

REMARQUE.

Les personnes qui se disposent à faire un cours complet de *chronologie*, feront bien de prendre la peine de ranger toutes ces *époques* par ordre de temps, et d'appliquer la règle précédente (57 et suiv.) à rechercher la correspondance des années *rapportées à d'autres époques*, avec celles que l'on trouve en cette table : outre que la recherche que nous conseillons, les familiarisera avec cette règle, elle leur fera découvrir encore, chemin faisant, les moyens de la simplifier d'avantage, et leur fera retrouver au besoin, *les procédés particuliers à chaque cas*, que prescrivent les *Chronologistes*, pour la *comparaison des dates*. Parmi ceux de ces derniers qui méritent le plus d'être consultés, sont le célèbre *Petau*, *Salian*, *Labbe* et l'Auteur de l'*Art de vérifier les Dates ;* mais malheureusement leurs Ouvrages sont très-volumineux et assez rares. On ne peut d'ailleurs puiser dans des sources moins suspectes : tout ce qu'ils affirment étant appuyé sur les autorités les plus respectables et les raisonnements les plus convaincants. L'auteur

de

de ce foible essai se plaît à avouer qu'il doit beaucoup au premier et au troisième, notamment dans ce qu'il dit touchant les années *grecques*, *arabiques*, *judaïques*, *égyptiennes*, la division des mois chez les *Romains* et quelques-unes des principales *époques*. Il trouve aussi de la satisfaction à faire hommage des *éléments* de quelques autres parties de son travail, au *P. Gautruche*, à l'Auteur du *Recueil* connu sous le nom de : *Canones in Calendarium gregorianum perpetuum*, et à d'autres Savants dont les noms sont cités dans ce petit Ouvrage.

APPENDICE.

*Règle pour réduire le temps compté dans tout autre lieu que l'*Observatoire impérial de Paris, *au temps que l'on compte au même instant à cet* Observatoire.

Le lieu dont il s'agit peut être à l'orient ou à l'occident du *méridien* de l'*Observatoire impérial*; s'il est à l'orient de ce *méridien*, il faut ôter la *différence des méridiens* (*) *réduite en temps* (voyez la règle ci-après) de l'heure que l'on compte *astronomiquement* (89) dans ce lieu, et le reste exprimera l'heure comptée pour lors à l'*Observatoire impérial*; mais si le lieu est à l'occident de ce *méridien*, on ajoutera *la différence des méridiens* au temps compté dans ce lieu, et la somme sera l'heure que l'on compte alors à l'*Observatoire impérial*. Dans le cas où la *longitude* du lieu en question seroit comptée du *méridien* de l'*île de*

(*) La *différence des méridiens*, la *longitude* de l'*Observatoire impérial* étant o, est la même chose que la *longitude* du lieu dont il s'agit, comptée du *méridien* de cet *Observatoire*.

Fer, avant d'appliquer la règle, il faudroit réduire cette *longitude* à celle comptée du *méridien* de l'*Observatoire impérial*, en en retranchant 20 degrés, 30 minutes (*longitude occidentale de l'île de Fer*, selon M. *Deborda*) : le reste exprimeroit la *longitude orientale, méridien de l'Observatoire impérial*; néanmoins, si ce reste excédoit 180 degrés, il faudroit l'ôter de 360 degrés, pour avoir la *longitude* à l'égard de l'*Observatoire impérial*, qui pour lors seroit *occidentale*.

Lorsque la *longitude* comptée de l'*île de Fer*, est moindre que 20 degrés, 30 minutes (dans les usages ordinaires, on suppose que l'*Observatoire impérial* de *Paris* est seulement à 20 degrés de *longitude* comptée de cette *île*), on l'ôte de ce nombre, et le reste est la *longitude occidentale, méridien de l'Observatoire impérial*.

Remarque. La règle seroit la même, si l'on prenoit pour *méridien* de comparaison tout autre que celui de l'*Observatoire impérial*; pourvu que l'on connût la *position* du premier à l'égard du *méridien de l'île de Fer*.

Règle pour réduire les Degrés, Minutes et Secondes de Degré, en temps, *et réciproquement.*

Pour réduire les degrés, minutes et secondes de degré en *temps*, on quadruple le tout, et l'on compte successivement les parties de ce produit, pour des minutes, secondes et tierces d'heure. Réciproquement, si l'on a à convertir des heures et parties d'heure, en degrés et parties de degré, une heure répondant à 15 degrés, 1 minute de temps, à 15 minutes de degré, ou à un quart de degré, 1 seconde de temps, à 15 secondes ou à un quart de minute de degré, et ainsi de suite : il faut réduire les heures et minutes de temps tout en minutes ; puis compter ces minutes, les secondes et les tierces, pour des degrés, minutes et secondes de degré : le quart du tout sera le nombre de degrés et parties de degré cherché.

(*Voyez*, relativement à ces deux dernières règles, les Traités d'*Astronomie* et de *Navigation*, et en particulier les *Traités* de Navigation de MM. *Bezout* et *Dulague*.)

FIN.

TABLE DES MATIÈRES.

TABLE DES MATIÈRES.

FIN DE LA TABLE DES MATIÈRES.

Faute essentielle à corriger.

Page 28, lignes 10, 11, 12, 13,

Au lieu de : Depuis 1900 jusqu'à 2100, on retranchera 2 du nombre d'or; s'il finit sur la racine, on y ajoutera 28; sur la jointure on y ajoutera 8, et au bout, 18,

Lisez : Depuis 1900 jusqu'à 2100, on retranchera 2 du nombre d'or, s'il finit sur la racine, ou on y ajoutera 28; sur la jointure on ajoutera 8, et au bout, 18.

www.ingramcontent.com/pod-product-compliance
Ingram Content Group UK Ltd.
Pitfield, Milton Keynes, MK11 3LW, UK
UKHW021109200726
13857UKWH00003B/1149